AF593356

LA PERDIZ CON RECLAMO EN LA ESPAÑA RURAL Y URBANA

ExLibric

ANTONIO GALLARDO ROMERO
ANTONIO ROMERO RUIZ

LA PERDIZ CON RECLAMO EN LA ESPAÑA RURAL Y URBANA

EXLIBRIC
ANTEQUERA 2017

LA PERDIZ CON RECLAMO EN LA ESPAÑA RURAL Y URBANA

Diseño de portada: Dpto. de Diseño Gráfico Exlibric

Iª edición

Editado por: ExLibric
c/ Cueva de Viera, 2, Local 3
Centro Negocios CADI
29200 Antequera (Málaga)
Teléfono: 952 70 60 04
Fax: 952 84 55 03
Correo electrónico: exlibric@exlibric.com
Internet: www.exlibric.com

ISBN: 978-84-18912-90-0

Nota de la editorial: ExLibric pertenece a Innovación y Cualificación S. L.

ANTONIO GALLARDO ROMERO |
ANTONIO ROMERO RUIZ

LA PERDIZ CON RECLAMO EN LA ESPAÑA RURAL Y URBANA

DEDICATORIA

A mi padre fallecido recientemente, que fue un gran cuquillero y del que aprendí tanto.

Antonio Romero Ruiz

A mis amigos por arroparme, a mi familia por aguantarme y a los cazadores que practican la tradicional caza de perdiz con reclamo como mandan los cánones.

Antonio Gallardo Romero

Antonio Gallardo Romero. Miembro y asambleista de la Federación Andaluza de Caza. Coordinador del Norte de Málaga. Delegado de Jueces de perdiz con reclamo de la F.A.C.

Antonio Romero Ruiz. Vicepresidente del Club Nacional del Galgo Español. Miembro del Consejo Asesor Taurino del Parlamento Andaluz. Autor de libros como *El gran libro de los galgos*, *Los siete galgueros de Écija* o *Centenario de Copa la Ina.*

Colaboraciones especiales: José Antonio López García, técnico y artífice del capítulo 12; y Olmo Linares, de la Universidad de Córdoba (Cátedra de Recursos Cinegéticos y Piscícolas) en el capítulo 4, Francisco Jimenez Aguilera, escritor y entendido en la modalidad de perdiz con reclamo.

AGRADECIMIENTOS

Tenemos una deuda con las personas que se han prestado a colaborar con el libro. Como podemos agradecer la importantísima a la vez que desinteresada ayuda. He aquí quienes nos ayudaron a que este libro sea una realidad.

Hablar de don **Olmo Linares Escudero**

Licenciado en Biología y Técnico en Gestión de Sistemas de Calidad. Ha participado en variados e importantes proyectos de investigación. Su relación con la Cátedra de Recursos Cinegéticos y Piscícolas (CRCP) comenzó en dos mil nueve trabajando en la toma de datos cinegéticos en monterías. Cuenta con experiencia como Responsable de Calidad y Medio Ambiente en otros sectores con funciones en el desarrollo, implantación y mantenimiento de sistemas integrados de gestión de calidad y medioambiente certificados. Coordina la gestión de proyectos de calidad cinegética de la CRCP. Y colabora en este libro con el capítulo "LA CERTIFICACIÓN DE LA CALIDAD CINEGÉTICA PARA UN CONSUMO DE CAZA RESPONSABLE".

Con don **Francisco Jiménez Aguilera** teníamos que contar sí o sí. Exalcalde de Archidona y ex máxima autoridad de la modalidad en el ente federativo, cuenta con el mayor de los reconocimientos del sector. Una persona que goza con la mayor capacidad de responder sobre la historia de la tradicional modalidad de la Perdiz con Reclamo. Empresario del sector cinegético, su empresa PERCOFAN es armería y granja, pero no cualquiera, es la mayor armería y granja de Andalucía, contando además con cartuchería propia y exclusiva para las distintas modalidades, incluso para el reclamo. Aporta el capítulo "ESCOPETA Y MUNICIÓN PARA LA CAZA TRADICIONAL DE PERDIZ CON RECLAMO".

Es don **José Antonio Lopez García**

Ingeniero De Montes y miembro destacado del gabinete técnico de la Federación Andaluza de Caza. Su implicación y buen hacer en los trabajos técnicos lo convierte en uno de los ingenieros con mayor reputación del panorama cinegético nacional. No en vano, una de las muestras de su profesionalidad se plasma en el capítulo que aporta "LA CIENCIA AL SERVICIO DE LA CAZA. EL RECLAMO", donde aborda de manera exhaustiva el estudio de fenología de la perdiz roja que fue la vía para que esta modalidad ancestral gozara de la aprobación para su práctica legal.

A don **José María Mancheño Luna,** abogado, presidente de la Federación Andaluza de Caza y de Mutuasport. Para nosotros es un honor contar con su **prólogo** en este libro. Una persona que desde que llegó al organigrama de la actividad venatoria a sentado cátedra y está consiguiendo importantes avances y logros tanto para los cazadores federados como para los no federados.

Y a un hombre comprometido con la conservación de las formas de vida más ancestrales que existen, desde la Dirección del Instituto Andaluz de la Caza y la Pesca Continental de la Junta de Andalucía. Él es don **Guillermo Ceballos Watling**, persona que conoce de cerca la caza y que nos aporta el **saluda** de este libro.

A **María José Molinero Santos,** Ingeniero Técnico Forestal y secretaria de alta dirección, por su trabajo de recopilación de búsqueda de documentación y tareas propias de secretaría.

Empresas y entidades colaboradoras con *La Perdiz con Reclamo en la España Rural y Urbana* que no han dudado en llamarnos y ofrecer su apoyo cuando se publicaba en las redes sociales que nos embarcaríamos en un proyecto para plasmar en un libro palabras sobre la modalidad reclamera. Orgullosos porque todas las empresas colaboradores son destacados en el sector por su seriedad, calidad y buen hacer. Y a las instituciones que apuestan por la cultura cinegetica y que no dudaron en prestar su apoyo al proyecto. Nuestro más sincero agradecimiento.

- **Perdices El Chopo** de Cullar (Granada) teléfono 617 053 124.
- **Percofan** (Armeria y Granja) de Archidona (Málaga) teléfono 952 714 202.
- **Perdices Pavion** de Somontín (Almeria) teléfono 669 045 137.
- **Perdices Dehesa Extremeña** de Higuera la Real (Badajoz) teléfono 672 792 104.

- **Perdices San Marcos** de Lucar (Almería) teléfono 609 868 966.
- Al **Club Andaluz Cuquilleros al Alba** con sede en Villanueva de Algaidas (Málaga) teléfono 657 832 068.
- A la **Sociedad de Cazadores de Humilladero** (Humilladero).
- A la **Sociedad de Cazadores El Perdigón** (Alameda).
- Al **Ayuntamiento de Alameda** (Málaga).
- Al **Ayuntamiento de Humilladero** (Málaga).
- A la **Federación Andaluza de Caza.**
- A la **Cátedra de Recursos Cinegéticos y Piscicolas de la Universidad de Córdoba.**
- Al **Instituto Andaluz de Caza y Pesca Continental de la Junta de Andalucía.**

A los amigos **José Melero Plasencia** y **Gonzalo Varas Romero,** por las extraordinarias imágenes cedidas para este libro. Dos personas que saben plasmar la belleza la perdiz en general y del reclamo en particular desde una perspectiva original y ética.

Índice

SALUDA

De Guillermo Ceballos Watling

Director del Instituto Andaluz de la Caza y Pesca Continental de la Junta de Andalucía

A ti que te llaman cuquillero, (nombre que no recoge el diccionario de la RAE).

A ti que cazas a la perdiz atrayéndola con tu macho, que aquel otro considera rival en su territorio.

A ti que conservas en tu afición venatoria la tradición por una modalidad que se practicaba casi en la prehistoria.

A vosotros va dirigido este libro y el saludo de esta Consejería de Medio Ambiente que ya en su día fue pionera al desarrollar, junto con la Federación Andaluza de Caza, el estudio que permitió que esta modalidad pudiera practicarse con la seguridad jurídica y el encaje en el ciclo biológico de la especie reina de la caza menor que tanto aprecias.

Aquella labor encargada a la Cátedra de Recursos Cinegéticos y Piscícolas de la Universidad de Córdoba, y en el que participasteis tantos de vosotros, cazadores, cuquilleros o no, agentes de medio ambiente, celadores, técnicos y científicos, guardas de coto y aficionados marcó un antes y un después, no solo en Andalucía, pues los pasos y conocimientos ya se han aplicado en otras comunidades autónomas para el mismo fin, ha culminado con la inclusión de esta modalidad descrita y definida en el nuevo Reglamento de Ordenación de la Caza con la que contamos desde este 2017.

Porque ese es el trabajo que seguiremos haciendo y promoviendo desde el Instituto Andaluz de Caza y Pesca Continental; aplicar ciencia y conocimiento, experiencia y práctica, lógica y respeto, sensibilidad y sensatez para lograr que se siga practicando una caza respetuosa, sostenible y responsable por parte de todos vosotros.

Aún nos queda trabajo, a todos, pues con estos "cambios de clima" se habrán de reajustar las fechas de los periodos hábiles que el estudio en su día produjo, modificar los territorios que se asignaron y también definir y afinar la práctica de la modalidad en su variante sin muerte...

De momento, nos aguarda a todos la posibilidad de disfrutar de este libro que recoge todo el conocimiento y experiencia de sus autores y que se ha realizado con tanto esmero y cariño.

A todos vosotros un saludo.

PRÓLOGO

Por José María Mancheño Luna

Presidente de la Federación Andaluza de Caza y de Mutuasport

Escribía no hace mucho que, además de una modalidad de caza que reúne todos los años a más de 25.000 andaluces, la perdiz con reclamo es historia y también cultura pues referencias a esta práctica ancestral encontramos en textos tan importantes como la *Biblia*, en *El ingenioso hidalgo don Quijote de la Mancha* o bien en *Diálogos de la montería* de don Luis Barahona de Soto. Nos encontramos, por tanto, ante una afición que, a lo largo de los siglos, ha unido en su práctica a millones de aficionados que han ido transmitiendo un importante patrimonio vital y cultural a las generaciones futuras.

En aquella ocasión, añadía que la obligación de proteger este bagaje cultural e histórico correspondía especialmente a los propios aficionados a esta modalidad, que debían trabajar por conservar y defender todo este magnífico patrimonio etnológico.

Un buen ejemplo de esa labor de protección y defensa de la perdiz con reclamo es esta obra escrita conjuntamente por Antonio Gallardo y Antonio Romero, dos excelentes aficionados a esta modalidad y grandes conocedores de la caza menor. Dos jauleros que, con la redacción de este libro, cumplen con su obligación de preservar el patrimonio cultural e histórico del mundo de la perdiz con reclamo.

Antonio Gallardo es un joven cazador malagueño, también pescador, plenamente identificado con una caza sostenible y racional de la que es firme defensor y promotor a través de una labor personal muy presente en RR SS. En esta labor, Antonio se muestra como un cazador inquieto, ávido de conocimiento y nuevas experiencias, mostrando un especial interés en todo lo que rodea a la conservación del medio natural, revelándose constantemente como una persona comprometida y preocupada por la protección del mismo, preocupación que lo convierte en un extraordinario representante de una caza moderna, sencilla y sensible con la defensa del medio natural.

Por su parte, Antonio Romero, figura muy reconocida en el panorama político andaluz y español de los años 80 y 90, es un gran aficionado a la caza menor, en especial a la perdiz con reclamo y a la liebre con galgos. En los últimos años, se ha destacado en el panorama cinegético andaluz por la extraordinaria labor de promoción y defensa de esta última modalidad, la caza de liebre con galgos, de la que se ha convertido en un extraordinario defensor y protector con una argumentación brillante y objetiva. Con su verbo fácil, Antonio Romero ha sabido promocionar la verdadera imagen del mundo del galgo y ha rechazado con solvencia los argumentos que reiteradamente menosprecian esta práctica.

La presente obra no es un libro cinegético al uso, es mucho más. Junto al relato de los autores sobre alguna jornada cinegética, algo muy propio de la literatura cinegética, el lector encontrará abundante información legal, técnica, económica, institucional e incluso culinaria, sobre una modalidad cinegética que es mucho más que caza, es también cultura, historia e incluso, para algunos, una forma de vida. Personalmente, me parece un enorme acierto las referencias que contiene a la incidencia de las actuales prácticas agrícolas sobre la caza menor y las implicaciones que la Política Agraria Común de la UE ha tenido y está teniendo sobre aquella, así como, por su riqueza cultural, el capítulo referido a vocabulario, refranes y dichos populares.

En suma, estamos ante una obra global sobre la perdiz con reclamo, una obra que aborda a esta modalidad desde varios puntos de vista, a cual más enriquecedor, razón por la que se convierte en una obra dirigida no solo al aficionado a la jaula, sino también a aquel otro cazador que tenga interés en acercarse a esta práctica ancestral. Sin duda, este libro es una extraordinaria herramienta para ello.

CAPÍTULO I

APUNTES HISTÓRICOS SOBRE LA CAZA DE PERDIZ CON RECLAMO

Antonio Romero Ruiz

La caza de perdiz con reclamo hunde sus raíces en la noche de los tiempos, los orígenes de la caza de la perdiz deben remontarse a la Prehistoria. Los íberos, que ya las cazaban con reclamo, utilizaban para atraparlas una especie de lazo denominado "zalagarda". Su técnica consistía en atraer a las perdices al lugar donde se instalaban los lazos con un reclamo amarrado en una estaca. Los pueblos que colonizaron Iberia (fenicios, cartagineses, griegos y romanos) también la practicaban. Existe constancia en el municipio andaluz de Porcuna de mosaicos romanos del siglo V y VI a. C., que representan iconografías tituladas *Cazador de perdices* en un conjunto escultórico llamado *Cerrillo Blanco.*

Mosaico romano. Amman, Jordania.

Aparece en unas de las fábulas de Esopo (circa 560-620 a. C.), una de las principales referencias en los siglos V y VI a. C: *La perdiz y el cazador*. En la Biblia hay referencias a la perdiz y a la modalidad de perdiz con reclamo. Los animales son tratados en las tierras donde se escribió la Biblia, otorgándole a cada uno un significado, y de sus hábitos y comportamientos la humanidad puede aprender.

Observemos a la perdiz, *heb. Qôrê*, "el que grita", o "el que llama".

Aunque es muy común en Tierra Santa, abunda en el desierto de Judá, la perdiz se menciona solo dos veces en la literatura sagrada: en el 1 Samuel 26:20, donde David al ser perseguido por el rey Saúl, compara su situación a la de una perdiz a la que han salido a dar caza en el monte; y en el Jeremías 17:11, donde se hace referencia a su hábito de empollar huevos ajenos, como símbolo de la insensatez de adquirir riquezas injustamente, pues estas duraran poco.

Aristóteles (siglo IV a. C), en su obra *Investigación sobre los animales*, hace también referencias a la perdiz y a la modalidad de caza llamada reclamo. Plinio el Viejo (siglo I) en su libro *Historia natural*, hace varias alusiones a la perdiz y a sus funciones en aquella época para acompañar al hombre en sus faenas de caza. Griegos y romanos nos dejaron un legado de mosaicos de gran belleza con imágenes de pájaros enjaulados. En *El Quijote*, Cervantes escribe "váyase usted señor Hidalgo con su perdigón manso". Felipe II (1527-1598) dictó una ley prohibiendo la caza de perdiz con reclamo bajo multa de 6000 maravedís y seis meses de destierro, al tiempo que él mismo abatía perdices con otros medios.

En la cultura medieval las aves, asociadas al elemento aire, casi siempre representan la espiritualidad, las almas. Odón de Túsculo elaboró una clasificación comparativa con los hombres: los sencillos serían como las palomas, los astutos como la perdiz, los confiados como el halcón, los sociables como las golondrinas y los que buscan la soledad, como la tórtola.

En época más moderna, Alfonso XIII de Borbón, quien desde el mismo momento de su nacimiento en mayo de 1886, era rey, al haber fallecido su padre, Alfonso XII, cinco meses antes, el mismo año que juraba la Constitución, acabando con la regencia de su Madre María Cristina de Habsburgo-Lorena, promulgaba la Ley de caza de 1902, en la que se prohibía el reclamo, excepto a los dueños de los cotos, lo cual generó gran conflictividad.

Museos de varios países del mundo contienen obras con perdices y lances de la caza con reclamo. Muestras de ello la encontramos, por ejemplo, en el Museo del Prado.

Goya y Lucientes, Francisco de. *Caza con reclamo*, 1775. Óleo sobre lienzo, 112 x 179 cm.

Puesto de caza con reclamo de dos pájaros enjaulados, un mochuelo y un jilguero. Completan la escena un perro agazapado y una red sobre el árbol que enmarca al grupo. Formó parte del primer encargo que recibió Goya para la Real Fábrica de Tapices de Santa Bárbara. El tema elegido, la caza, estaba en consonancia con el uso que los monarcas hacían del Sitio Real de El Escorial, donde pasaban el otoño.

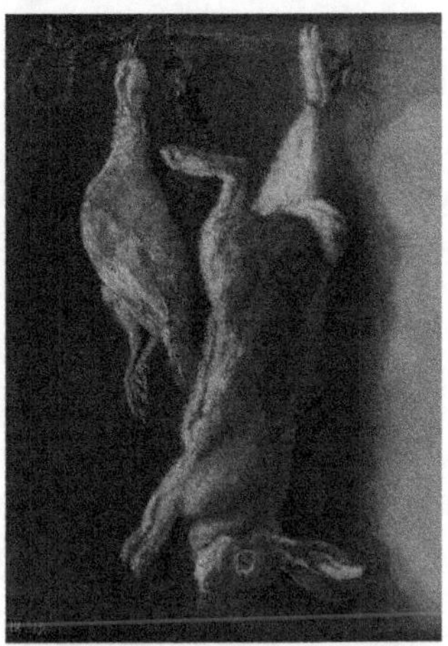

Nani, Mariano. *Bodegón de caza con una liebre y dos perdices*. 1785. Óleo sobre lienzo, 69 x 48 cm.

Muestra las presas recientemente cazadas almacenadas en un interior. Su realismo descriptivo se aprecia en detalles como la sangre que aún gotea de la liebre, y su sentido decorativo queda evidenciado por su perfecta y equilibrada composición. Asimismo, la obra, realizada para Carlos IV cuando aún era príncipe, retrata el gusto de la Familia Real por la caza.

CAPÍTULO II

LA CIENCIA AL SERVICIO DE LA CAZA. EL RECLAMO

José Antonio López García

Hasta no hace mucho tiempo la práctica de esta ancestral, arraigada y tradicional modalidad de caza ha dado, cuando menos, mucho de qué hablar entre los cazadores andaluces. Pero de lo que no hay duda es que el arraigo de esta modalidad, conocida también como "el cuco", es incuestionable. Se trata de una modalidad basada en la tradición, que forma parte de la cultura de los pueblos y se practica según las costumbres transmitidas de padres a hijos, generación tras generación, siendo para los que la ejercitan una actividad puramente vocacional, fuertemente arraigada en la cultura de muchos cazadores de nuestras comarcas.

En defensa de esta práctica cinegética es necesario comentar que emplea procedimientos muy selectivos y nunca masivos, sus métodos de captura son conservadores y su práctica supone una reducida incidencia en la población de las especies capturadas.

Hasta no hace mucho, la caza de perdiz con reclamo se encontraba en una situación de alarma. Eran dos factores los que hacían peligrar la continuidad de esta modalidad en los cotos españoles. Por un lado, la Comisión Europea y su Directiva 79/409/CEE sobre la conservación de las aves silvestres, actualizada con la Directiva 2009/147/CE; y por el otro, la Ley 42/2007 de 13 de diciembre del Patrimonio Natural y de la Biodiversidad.

La Comisión Europea en el mes de octubre de 2009, en forma de Carta de Emplazamiento, dictaba que la caza de perdiz con reclamo podría quedar prohibida, pues podía vulnerar la Directiva Europea, y solo sería autorizada por la vía de la excepción del artículo 9 de dicha Directiva. Europa concedió un plazo de dos meses para que España pudiera contestar a esta Carta de Emplazamiento y así argumentar todo lo que considerase oportuno en defensa de esta modalidad cinegética. Este hecho produjo que las distintas Federaciones de Caza comenzaran a movilizarse en defensa de la modalidad.

En cuanto a la caza de perdiz con reclamo, en la Ley 42/2007 de 13 de diciembre del Patrimonio Natural y de la Biodiversidad, aparece el siguiente tenor literal: Capítulo IV del Título III. De la protección de las especies en relación a la caza y la pesca continental en el artículo 63. Caza de perdiz con reclamo. "La administración competente podrá autorizar la modalidad de caza de perdiz con reclamo macho, en los lugares en donde sea tradicional y con las limitaciones precisas para garantizar la conservación de la especie". Sin embargo, el artículo 62.3.b señala que "queda prohibido con carácter general el ejercicio de la caza de aves durante la época de celo, reproducción y crianza, y la caza durante el trayecto de regreso hacia los lugares de cría en el caso de especies migratorias". Esto producía un limbo legal, que redundaría en falta de seguridad jurídica para practicar la caza con reclamo con total tranquilidad y normalidad. Un hecho claro es que, a pesar de que se practicaba el reclamo, en el vigente Reglamento de Ordenación la Caza de Andalucía (2005) no aparece regulación alguna, ni siquiera se mencionaba como modalidad de caza.

De otra parte había que atender también a las consideraciones del Comité Ornis (comité que se consagra a la adaptación al progreso técnico y científico de la Directiva Europea Aves). Este comité se reúne periódicamente para discutir en común los problemas que puedan plantearse en la aplicación y en la práctica de la Directiva Aves en relación a los periodos de reproducción. La Directiva 79/409/CEE "Aves", en su artículo 7.4, recoge: "Los Estados de la Unión Europea velarán porque las especies a las que se aplica la legislación de caza no sean cazadas durante la época de anidar ni durante los distintos estados de reproducción y de crianza".

Por todo ello no había más elección que demostrar que la práctica de la modalidad del reclamo en ningún caso vulneraba ninguna legislación, ni europea ni estatal, y la única manera de demostrarlo era aplicar la ciencia a la caza.

Por ello la Federación Andaluza de Caza, el Instituto Andaluz de Caza y Pesca Continental, la Consejería de Medio Ambiente, la Agencia de Medio Ambiente y Agua, y la Cátedra de Recursos Cinegéticos y Piscícolas de la Universidad de Córdoba aunaron esfuerzos y se pusieron a trabajar conjuntamente en la implementación de un ambicioso estudio que permitiera perpetuar el reclamo como modalidad de caza consolidada en futuras normas de carácter cinegético.

La finalidad de este estudio era el ajuste de los periodos de caza de la perdiz roja con reclamo, de modo que no afectaran a su etapa de reproducción, haciendo así compatible esta actividad cinegética con el apartado 4 del artículo 7 de la Directiva 79/409/CEE, la Directiva Aves.

Antes de la implementación de este estudio, los periodos de caza del reclamo en Andalucía se repartían de la siguiente manera: Para Málaga y Cádiz había un solo periodo (Zona única). Para Córdoba, Huelva y Sevilla dos periodos (Zona alta y Zona baja). Para Granada, Jaén y Almería, inicialmente, se establecían tres periodos, pero posteriormente se suprimió el tercer periodo.

Realmente este calendario no se correspondía con la diversidad topográfica, latitudinal ni climatológica del vasto territorio andaluz. Por esa razón y ante la demanda del sector cinegético federado, la Federación Andaluza de Caza, junto con la administración ambiental y la universidad se pusieron a trabajar en la cuestión.

El trabajo de campo, necesario para estudiar, analizar y proponer los nuevos periodos hábiles de caza para el reclamo, se centró durante tres años en la realización de censos semanales, a través de más de 1.551 itinerarios por todo el territorio de la Comunidad Autónoma durante la primavera y comienzos de verano, registrándose la edad de los pollos avistados, para de esta forma determinar el periodo de reproducción de la especie en las diferentes áreas de Andalucía.

Para la ejecución de este ambicioso proyecto científico se tuvieron en cuenta los siguientes conceptos clave:

- Fenología: ciencia que estudia la relación entre los factores climáticos (altitud, temperatura y pluviometría) y los ciclos vitales en los seres vivos.
- Fenología reproductiva: rama de la fenología que estudia cómo afectan las variables climáticas al ciclo reproductivo de una especie.
- Objetivos: adecuar en la Orden General de Vedas los periodos hábiles de caza con reclamo macho para la perdiz roja, teniendo en cuenta las determinaciones del Comité Ornis.
- Determinación del Comité Ornis: el periodo de caza de perdiz bajo modalidad de reclamo macho debe finalizar cuando comienza el periodo reproductor de la perdiz roja.
- Para el comienzo del periodo reproductor el Comité Ornis fija un criterio de 40 días antes del comienzo del periodo habitual de las primeras puestas de huevos en Andalucía.

Por tanto, mediante este trabajo se adecuaron los periodos hábiles de caza de la perdiz con reclamo macho por Áreas Cinegéticas en base al comportamiento reproductivo de la especie en cada zona, que dependía de factores climáticos. Las Áreas Cinegéticas se determinaron teniendo en cuenta que conformaban unidades de territorio con características bioclimáticas más o menos homogéneas, ateniéndose a la gran extensión de Andalucía.

Los recorridos para el avistamiento de los pollos de perdiz siguieron el siguiente patrón metodológico:

- Cada recorrido se realizó una vez por semana.
- Se realizaron de forma alterna, una semana por la mañana al amanecer (durante las primeras horas: 8:00-10:00) y la siguiente semana por las tardes (durante las últimas horas: 18:00-20:00), de tal forma que al final se obtuvieron aproximadamente el mismo número de censos de mañana y de tarde por coto.
- Cada transecto o recorrido se realizó en vehículos a una velocidad aproximada de 10-20 Km/hora.
- Comenzaron para cada temporada el 25 de abril y finalizaron el 15 de julio.
- Los censos los realizó una sola persona (para evitar errores o sesgos en la información aportada).
- Se evitaron días ventosos o lluviosos.
- Se anotaron en las fichas de campo todas las perdices vistas, ya fueran adultos o pollos.
- En cada avistamiento de adultos se detuvo el vehículo y se observaron los individuos durante 1—2 minutos para asegurar si iban acompañados de pollos (especialmente en los primeros censos y si el adulto realizaba comportamientos extraños). En ningún caso había que bajarse del vehículo.

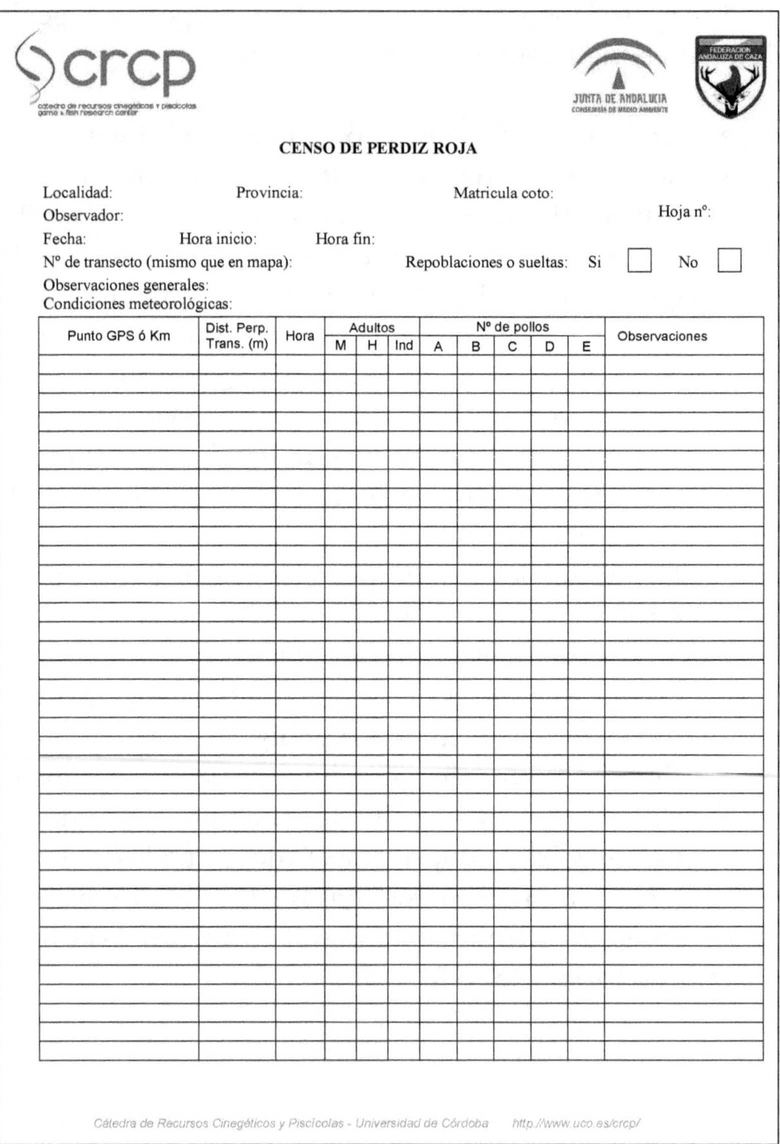

crcp
cátedra de recursos cinegéticos y piscícolas
game & fish research center

JUNTA DE ANDALUCIA
CONSEJERÍA DE MEDIO AMBIENTE

FEDERACIÓN ANDALUZA DE CAZA

CENSO DE PERDIZ ROJA

Localidad: Provincia: Matricula coto:
Observador: Hoja nº:
Fecha: Hora inicio: Hora fin:
Nº de transecto (mismo que en mapa): Repoblaciones o sueltas: Si ☐ No ☐
Observaciones generales:
Condiciones meteorológicas:

Punto GPS ó Km	Dist. Perp. Trans. (m)	Hora	Adultos			Nº de pollos					Observaciones
			M	H	Ind	A	B	C	D	E	

Cátedra de Recursos Cinegéticos y Piscícolas - Universidad de Córdoba http://www.uco.es/crcp/

Ficha de campo empleada para las observaciones.

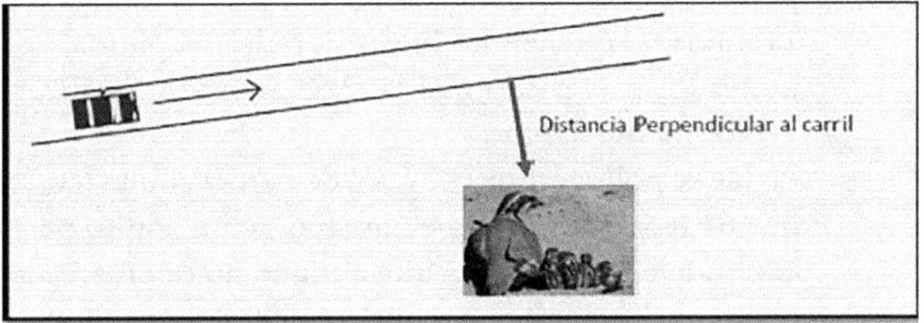

Las observaciones de los pollos de perdiz debían hacerse estimando su distancia en perpendicular al transecto, no a la distancia del vehículo.

Para la clasificación de los pollos observados se tuvieron en cuenta los siguientes criterios fisiológicos:

- CLASE A: pollos de 0-3 días de edad. De tamaño parecido a un huevo de perdiz, patas y alas muy cortas. Dificultad al andar. Plumón corto con líneas claras y oscuras dorsales.
  Poseen una pequeña prominencia en el extremo superior del pico de color blanquecino (diente) utilizada para romper el cascarón que se cae a los 2-3 días de edad.
- CLASE B: pollos de tamaño menor a 1/4 de perdiz adulta (entre 3–9 días). Plumón corto con líneas claras y oscuras dorsales, como la clase anterior. Alas más patentes, aunque no vuelan. Más ágiles que la clase anterior.
- CLASE C: pollos entre 1/4 y 1/2 de perdiz adulta (entre 9—36 días). De altura inferior o similar a media

perdiz adulta, tamaño codorniz. Con plumaje de 1a muda, no tienen las líneas dorsales, el plumaje es moteado, más pardo que la clase anterior. Realizan vuelos medio-largos.

- CLASE D: pollos entre 1/2 y 3/4 de perdiz adulta (entre 36–64 días). No tienen el tamaño de un adulto pero el plumaje es muy parecido, aunque no tan marcado como en los adultos, ya que poseen algunas plumas de jóvenes. Pico pardo, patas de color rojo pálido.
- CLASE E: pollos de tamaño adulto pero con plumaje aún juvenil (entre 64-130 días). Poseen el tamaño de un adulto, pero con restos de plumaje de joven.

Por tanto, conociendo la edad de los pollos avistados en campo se podía estimar la fecha de eclosión de los huevos, y a partir de esa fecha retroceder el periodo de tiempo necesario para cumplir con las determinaciones del Comité Ornis, a fin de determinar las fechas del inicio del periodo reproductivo, a saber:

Periodo reproductivo (87/89 días) = Periodo de incubación (23/24 días) + Periodo de puesta (24/25 días) + 4 décadas prepuesta (40 días).

Mediante la metodología expuesta con anterioridad, la Federación Andaluza de Caza, con el auxilio de las sociedades de cazadores federadas que participaron altruistamente en este proyecto, realizó 459 itinerarios de censo repartidos por todas las provincias andaluzas.

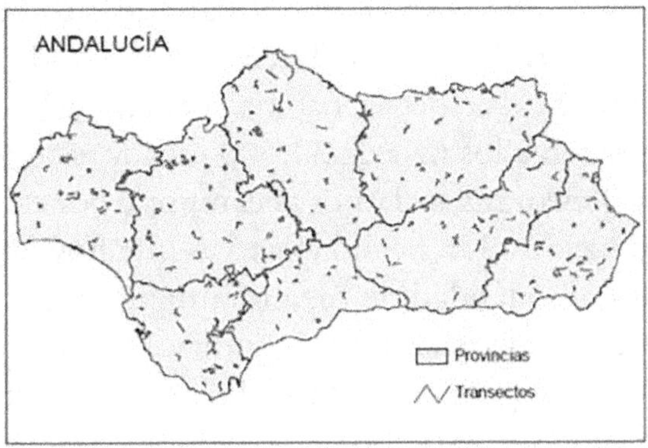

Transectos (itinerarios) utilizados por toda Andalucía

El resultado de estos trabajos consistió en determinar la fecha media del inicio de la puesta en base a la edad de los pollos observados en campo para cada Área Cinegética, para así aplicar las determinaciones especificadas por el Comité Europeo Ornis y poder articular las fechas más propicias para la práctica de la modalidad en Andalucía, atendiendo a la variabilidad climática y topográfica del territorio. El resultado de este trabajo es el que hoy se refleja mediante la Orden General de Vedas de cada temporada, con cuatro grupos de fechas bien diferenciados, que agrupan a las distintas Áreas Cinegéticas de Andalucía, comenzando el periodo hábil de caza para las zonas costeras de Málaga, Granada y Almería después del día de Reyes, y finalizando este periodo para las zonas más altas de Andalucía, situadas por encima de los 1.500 metros de altitud, a finales del mes marzo.

El reclamo, que hasta hace unos años estaba enfermo de gravedad, hoy en día goza de buena salud. Desde luego hay que ser optimista al respecto, habida cuenta que la ciencia nos ha dado la razón a los más de 34.000 cazadores que todas las temporadas llevan sus reclamos al campo, y por eso debemos estar esperanzados. Un hecho cierto es que hoy en día el reclamo es una modalidad de caza totalmente reconocida por todos, incuestionable su arraigo y tradición, y que además por fin aparecerá recogida como modalidad de caza en el nuevo Reglamento de Ordenación de la Caza en Andalucía.

CAPÍTULO III

LA CAZA EN CIFRAS. LA PERDIZ EN CIFRAS. LOS RETOS DE LA CAZA EN GENERAL Y DEL RECLAMO EN EL SIGLO XXI

Antonio Gallardo Romero
y Antonio Romero Ruiz

La caza en general y el reclamo en particular tiene retos para en el siglo XXI muy importantes, algunos de ellos ponen en tela de juicio incluso su futuro. A los problemas de gestión de los cotos, la utilización de munición contaminante (la UE ha hecho advertencias y directivas para que se retire el plomo del campo), órdenes de vedas, repoblación de especies... A ello hay que unir lo fundamental que es la actividad de la caza en la sociedad moderna. A pesar de que España y Andalucía han dejado de ser rurales para ser urbanas, lo que ha distanciado a la mayoría de la sociedad de esta práctica milenaria.

Las grandes cifras de la caza hoy siguen siendo importantísimas en la sociedad española y andaluza, veamos la caza en cifras:

Año	**Licencias**
1990	1.443.514
1995	1.320.315
2000	1.200.875
2005	1.069.804
2010	1.078.852
2011	957.191
2012	906.437
2013	848.243

Número de licencias expedidas en España por año

A fecha de octubre de 2017, el Ministerio de Agricultura, Pesca y Medio Ambiente, no arroja datos estadísticos de la caza desde el año 2013.

Estamos hablando de cerca de un millón de licencias de caza en la actualidad, con un valor económico de 20.187.199 €. En los años 90 había licencias, la nueva mentalidad de la sociedad moderna sobre la caza y la crisis económica ha hecho que se produzca esta reducción tan importante a nivel nacional.

Por comunidades autónomas:

Encontramos en primera posición de licencias expedidas en 2013 a Andalucía con 252.779 y el 29,80%, seguida de Castilla y León con 101.620 y el 12%, y en última posición a Cantabria con 5.671, correspondiéndole el 0,67% de licencias expedidas.

Comunidades autónomas	Licencias concedidas
Andalucía	252.779
Aragón	49.375
Canarias	16.834
Cantabria	5.671
Castilla-La Mancha	89.382
Castilla y León	101.620
Cataluña	59.812
C. de Madrid	15.726
C. Foral de Navarra	25.583
C. Valenciana	51.228
Extremadura	54.461
Galicia	46.312
Islas Baleares	14.188
La Rioja	8.355
País Vasco	38.351
P. de Asturias	7.353
R. de Murcia	11.213
España	848.243

Número de licencias expedidas en España por comunidad autónoma

En España practican la modalidad de Perdiz con reclamo macho en siete comunidades autónomas: Andalucía, Aragón, Baleares, Castilla-La Mancha, Extremadura, Murcia y Valencia. Aproximadamente se expiden 87.000 licencias para practicarla que son distribuidas de la siguiente manera entre ellas:

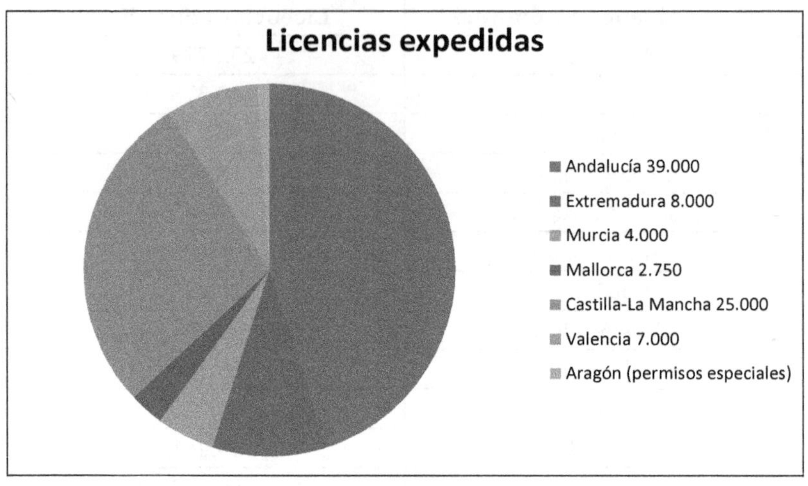

España en 2013 cuenta con 32.432 terrenos cinegéticos, con una superficie de 43.708.467 ha., siendo de nuevo Andalucía la mejor posicionada tanto en número de terrenos cinegéticos, con 7.485, como en superficie, con 7,056.594 ha. En el otro extremo nos encontramos a Canarias, con el menor número de terrenos cinegéticos, 107 y 379.382 ha.; y la Comunidad con menor superficie, Islas Baleares con 374.004 ha. repartidas en 2.074 terrenos cinegéticos.

Número y superficie de terrenos cinegéticos por tipología del terreno y total por comunidad autónoma, 2013

Tipo de terreno	**Número**	**Superficie (ha)**
Reserva de Caza	85	1.548.762
Coto Regional o Autonómico	72	767.470
Coto Social	645	1.743.766
Zona de Caza Controlada	700	940.462
Coto Municipal	664	2.447.624
Coto Privado de Caza	26.970	28.982.523
Coto Deportivo	2.362	6.345.449
Coto Intensivo de Caza	612	434.771
Refugio de Caza/Fauna	60	55.146
Terrenos no cinegéticos (Vedados, Cercados o Zonas de Seguridad)	262	442.494
Total	32.432	43.708.467

Comunidades autónomas	Número	Superficie (ha)
Andalucía	7.485	7.056.594
Aragón	1.431	4.491.895
Canarias	107	379.382
Cantabria	109	472.912
Castilla-La Mancha	5.961	7.017.932
Castilla Y León	5.612	8.430.117
Cataluña	1.411	2.964.988
Comunidad de Madrid	784	591.572
Comunidad Foral de Navarra	248	954.914
Comunidad Valenciana	1.025	1.915.512
Extremadura	3.981	3.586.867
Galicia	479	2.662.488
Islas Baleares	2.074	374.004
La Rioja	192	536.956
País Vasco	180	547.954
Principado de Asturias	193	972.583
Región de Murcia	1.230	751.797
Total España	32.432	43.708.467

Los empleos generados por la caza ascienden hasta 22.000 a nivel nacional, y su aportación al PIB es de 7.000 millones de euros. Provincias como Sevilla o las sierras andaluzas de Córdoba y Jaén, superan el 10 o el 15% de su PIB. El mapa demográfico de Andalucía tiene tres grandes franjas, la sierra, la campiña y el litoral. Otro fenómeno son las áreas metropolitanas entorno a las grandes ciudades andaluzas. La sierra pierde población, la campiña mantiene la población y el litoral, junto a las áreas metropolitanas, la multiplican.

Andalucía es una de las Comunidades con mayor número de ciudadanos con licencia de caza y de pesca, generando la actividad cinegética unos 3.580 millones de euros al año en esta Comunidad, según el Instituto de Investigación y Formación Agraria y Pesquera (IFAPA).

En esta cifra se incluyen no solo las actividades directas y los jornales que se perciben por realizar esta actividad cinegética, sino que también se han tenido en cuenta otros sectores secundarios. La caza pasa a ser además la segunda actividad en importancia económica dentro del sector forestal, sobrepasada únicamente en términos totales por la producción de corcho.

Uno de los beneficios de la caza más importantes es la fijación de la población al territorio, otro asunto positivo es el empleo que generan todas las actividades relacionadas con la caza. Algunos botones de muestra son el valor económico de las licencias, veterinarios, munición y armería, ropa de caza, piezas de caza, taxidermia, aduanas, carpintero y curtidor, rehalas, gastos de tenencia de armas, responsabilidad civil, arrendamientos de cotos, planes de ordenación, guarderías, medios de comunicación, sector hotelero y restauración, transporte y energía.

DECLIVE DE LA PERDIZ ROJA

La perdiz roja es una joya de nuestra fauna y de la caza menor en Andalucía. La perdiz roja ha ido en declive durante varias décadas, perdiendo su presencia en el campo. Dada la importancia del problema planteado, a continuación recogemos textos fruto de encuestas a colectivos ecologistas, a cazadores y a ciudadanos en particular.

AGRESIONES Y CAUSAS DEL DECLIVE DE LA PERDIZ ROJA

De las causas que ponen en peligro a la perdiz roja, unas producen más daño en las poblaciones que otras, pero son el conjunto de hostilidades las que están mermando de manera grave las poblaciones de perdiz de nuestro país, son las siguientes:

- Deterioro de los principales hábitats.
- La mecanización de la agricultura, que destruye los recursos que favorecen la fauna.
- Los cotos explotados comercialmente no alcanzan una rentabilidad aceptable.
- Los cotos que se gestionan con objetivos económicos no alcanzan la rentabilidad adecuada.
- Necesidad de bajar el número de capturas en los planes técnicos.
- Garantizar a los depredadores de la perdiz roja una alimentación alternativa.
- Estudiar el mapa de distribución del conejo, viendo donde abunda y donde disminuye.
- La ganadería y su presencia masiva en algunas zonas.
- Urgencia de agrupar los planes técnicos de cada coto para tener una planificación cinegética en la zona.

- La sequía en amplísimas zonas de nuestro país y los cambios de clima, está ultimando condiciones de difícil superación para la perdiz roja.
- Repoblaciones de poca calidad y sin los controles adecuados.

Estas causas son las principales a la hora de influir negativamente en la vida de la perdiz roja, si sumamos e incorporamos otras de las que no hemos hablado aquí, nos encontraremos con un ambiente muy preocupante para el presente y el futuro de la perdiz roja en España.

PROPUESTAS PARA LUCHAR CONTRA LA PÉRDIDA DE POBLACIONES DE PERDIZ

- Elaboración de un plan a nivel estatal con la participación del Gobierno y CC.AA. para recuperar la perdiz roja en España y llevarla a sus mejores tiempos.
- Impulsar un abanico de actuaciones para mejorar los lugares donde vive la perdiz roja.
- Cambiar las directivas europeas y leyes de nuestro país para que las ayudas y subvenciones a la agricultura y la ganadería se hagan teniendo en cuenta la obligatoriedad cuidar los de animales y las especies cinegéticas.
- Hacer un listado de productos fitosanitarios en el que se prohíban aquellos especialmente dañinos para las aves y la fauna en general.
- Dotar a las Administraciones, con participación de los cazadores y de los cotos, de mecanismos de control para la repoblación de perdices de granja.
- Reducción significativa del número de capturas de los cotos.
- Establecer a nivel europeo un protocolo de control de los predadores, con objetivo de aliviar la presión hacia la perdiz roja.
- Evaluación periódica para ver el grado de cumplimiento de las medidas y la recuperación que se vaya experimentando de la perdiz roja.
- Subvención económica a los cotos que desarrollen el manejo de la perdiz con métodos y formas que signifiquen un aumento de la calidad.

Las malas actuaciones cinegéticas y las prácticas agropecuarias han sido objeto de denuncia a todas las Consejerías de las CC.AA. y a todas las Federaciones, y son prioritarias sus reivindicaciones para todos los cazadores.

Asuntos como:

- Dotar a los laboratorios de genética de un programa para velar por un asunto tan delicado como la hibridación de la perdiz roja.
- Listado de productos químicos —como los plaguicidas—, y su repercusión en la perdiz.
- Situación de enfermedades que padece la perdiz roja hoy en España.
- Realizar croquis donde se determine la natalidad de la perdiz roja.

A MODO DE CONCLUSIÓN

El control de las poblaciones, repoblaciones con crías de granjas, planes de caza cinegéticas, la lucha contra el abandono de perros y el maltrato animal. Somos nosotros, los cazadores, los primeros interesados en garantizar los derechos de los animales y la Naturaleza.

Los que abogan legítimamente por suprimir la caza en general, plantean batallas parciales, como suprimir la caza con galgos o el reclamo con perdiz. Estas modalidades, y en particular la del galgo, son de las más ecológicas que hay, desarrollándose en plena igualdad natural.

Los productos químicos agrarios y las técnicas de mecanización que destruyen los hábitats naturales como las lindes, los arroyos o el monte bajo. Todo ello son retos de hoy en día, junto a la visión que tienen del campo los niños/as y los urbanitas, que solo entienden la vida bajo el prisma de la ciudad. Gabriel García Márquez, Nobel de Literatura, titulaba un artículo de la siguiente manera: *El campo: es ese horrible lugar donde los pollos se pasean crudos.*

Si queremos que la caza gane el siglo XXI, tenemos que hacer un discurso inteligente, ecológico, medio ambiental y moderno.

Las licencias de caza en Andalucía de perdiz con reclamo ascienden a 39.097, y representan el 14% del total de licencias expedidas en la comunidad autónoma, que son 288.964. De los 7.476 cotos que hay en Andalucía, se practica la modalidad de reclamo en 3.567, el 43,09 %, es decir, se abaten más perdices cazando en mano o en ojeos que con la perdiz con reclamo.

CAPÍTULO IV

PUESTOS INOLVIDABLES

Antonio Gallardo Romero

Son los primeros días fríos y lluviosos del otoño, las tardes oscuras y húmedas invitan a acercarse al calor de la chimenea. Estos días no hay faena en el campo, se acabó el verdeo en el olivar y las cuadrillas de jornaleros esperan ansiosas la recogida de la aceituna negra para molino.

Aprovechando uno de los días libres de mi trabajo, nos reunimos una tarde los amigos José Manuel Espada Repullo, Antonio Romero Ruiz, Diego Rama Ruiz, Pedro Corredera Romero, Pedro Corredera (padre), José Gallardo Torralbo y yo, en el cortijo Los Chacones, concretamente en una de las dependencias de obra reciente que alberga el caserío. El interior está pintado en un crema claro y tiene forma un poco rectangular. Cuando entras, se ve de frente una desmesurada chimenea. Posados en su *sardiné* inferior hay varios utensilios ya con bastante desgaste, una caja de pastillas de encendido en una pequeña canasta de mimbre, un escobón y una pequeña pala cuadrada.

La cocina está a la derecha, correlativa y sin pared que delimite alguna separación; los fregaderos son de una sola pieza de piedra, y el *pollo* es de losetas de barro. Sobre la campana de la cocina cuelga un reloj en el que se adivinan pintados dos ciervos peleando. A un lado hay una gran ventana que da al patio, y al otro cuelgan dos peroles hondos. Todo bien iluminado por una gran lámpara de cuernas de venado entrelazadas, que cuelga del techo de *racillón* visto y vigas de hierro, al que han dado una altura considerable.

Situado apenas a doscientos metros del límite provincial de Sevilla por la carretera norte de Alameda, y apenas a dos kilómetros de la provincia de Córdoba por el río Genil.

Es allí donde mi primo Pedrín (Pedro Corredera Romero) tiene un buen cocinón, en el que nos comeremos unos zorzales fritos con ajo y vino, que es lo que se da en la reciente apertura de veda, por la fecha en la que estamos, en el coto.

Cuatro docenas de zorzales, cazados el día antes entre Semas, mi hermano Carlos y yo, nos esperan en el *pollo* del cocinón, metidos en agua caliente para poder ser desplumados bien. Mientras, Pedrín enciende la chimenea y prepara los peroles con el aceite de oliva de la molienda pasada.

Antonio se ha traído pan cateto y, de paso, vino de Mollina, localidad junto a Fuente de Piedra, que son paso obligado —un pueblo o el otro– para llegar a Alameda desde su pueblo, Humilladero.

La tarde promete, no desentonamos unos con otros, somos amigos a los que nos une la caza. Bueno, la caza y la familia, porque José Gallardo es mi tío, hermano mayor de mi padre y el que me metió el gusanillo de la caza en el cuerpo junto a José Manuel Espada, amigo íntimo, que pese a su juventud en aquella época, y aun sumado a que es un año menor que yo, en la temporada del año dos mil, me iniciaron en el reclamo cuando apenas yo tenía veinte años.

La tertulia no se hace esperar. Diego Rama nos enseña una foto y habla de Camarón, su mejor pájaro. En la imagen aparecen dos pájaros de pelea en el terreno, y Diego comienza a explicar la faena que le hizo ese pájaro inolvidable, el cual contó con un testigo de excepción:

> "Después de llegar a casa del trabajo, tarde y casi sin tiempo para dar el puesto, cojo mi reclamo, no me lo pienso, me llevo a mi Camarón que es mi mejor pájaro.
>
> Como no hay mucho tiempo, coloco mi puesto a unos cuatrocientos metros de casa, os tengo que decir que a Camarón lo tengo embragado, y digo lo tengo porque aunque ya murió lo sigo teniendo en casa embalsamado.
>
> Bueno, escojo un olivo pequeñito como pulpitillo y coloco mi puesto portátil. Camarón está cantando antes de que yo me meta en el puesto, y después de unos reclamos y cuchicheos se empieza a escuchar el campo. En pocos minutos se deja ver una collera, y cuando solo le faltaban unos metros para entrar en plaza, escucho a lo lejos a mi vecino el Rubio, que viene en la misma dirección de donde estoy colocado. Y cada vez más cerca, ya lo voy escuchando como habla con su reclamo. Bueno, más que hablar, regañaba, porque venía diciéndole a su pájaro, al que portaba con detrimento, "anda que te voy a dar de

comer más magdalenas y bellotas para la mierda que has hecho".

Así, peleando con su pájaro, se encajó encima de mi reclamo sin percatarse de su presencia. Casi lo rozaba a su paso por la plaza, y volándome la collera que ya estaba entrando en plaza. Él no se dio ni cuenta.

Yo me encendí un cigarrillo pensando en salirme cuando me lo fumara.

Camarón no dejaba de cantar. Le contestó una hembra no muy lejos, y en muy pocos minutos apareció por el olivo de al lado. Mi reclamo ya la estaba viendo y recibiendo, el sol ya estaba puesto y no tenía mucho tiempo para recrearme, que es lo que me hubiera gustado.

Estando ya en la plaza, cojo mi escopeta y la coloco en la tronera, miro a mi pájaro para asegurarme de que está recibiendo, y cuando me dispongo a disparar escucho como un pájaro se posa de volada en la plaza.

Entonces pienso, "este es su macho, pues espero un poquito y a ver si puedo hacer una carambola", que, todo sea dicho, me encanta hacerlas. Y cuando se va acercando hacia la pájara tira el ala al suelo y, ¡cuál es mi sorpresa!, ¡veo que está recortado! Levanto la mirada hacia el pulpitillo y veo que es mi Camarón, que se me soltó del embrague.

No me extrañé demasiado porque no era la primera vez, pero nunca lo había hecho con los pájaros en plaza. Me quedé asombrado cuando vi que no paraba de darle vueltas a la perdiz, y sin dejar de arrastrar el ala. En ese momento yo tenía más nervios que un filete de quince céntimos, pero no lo pensé mucho, y a medio metro más o menos de él, dispare a la hembra; suelto rápido la escopeta y salgo del puesto pensando que mi reclamo saldría corriendo al oír el estruendo del disparo. Mi sorpresa fue que al salir del puesto veo a Camarón pegando picotazos a la perdiz abatida. Me fui acercando a él chasqueándole los dedos y hablándole. Me agacho y lo cojo sin que ni tan siquiera hiciese amagos para irse. Me lo llevo para colocarlo de nuevo en el embrague con una satisfacción enorme de ver lo que había hecho mi campeón, aunque también pensaba que no iba a poder contarlo porque ¿quién se iba a creer semejante hazaña?

Pero cuál fue mi sorpresa, que cuando estaba enganchando otra vez el reclamo a su embrague siento un ruido, y al girarme veo que hay un vecino, también cazador de reclamo, que se había acercado para curiosear, posiblemente para ver si el tiro estaba bien hecho o no, y se encontró con esta faena de mi Camarón.

Cuando se dio cuenta de que lo había visto asomado bajo el olivo me dice, «joder, que te cargaste la pajarilla». Le digo, «¿has visto como se la he tirado?»

El me contesta, «no, acabo de llegar». Yo me reí, sabiendo por su forma de responder que no me decía la verdad. Le dije, «aprende a cazar, fíjate, con el reclamo suelto», y no podía sostener mis risas, porque una tarde como aquella se que sería muy difícil que se repitiera, una faena como esa y además con público. ¡¡¡Espectacular!!!

Cuando terminó Diego de contarnos lo que le ocurrió con su reclamo embragado, se formaron varios corrillos en el salón comentando su puesto.

Momentos los que pasó con ese magnífico pájaro que ya nos gustaría haberlo vivido nosotros, y si además los reclamistas nos ponemos en su pellejo, comprendemos el rato que tuvo que pasar.

Ya hemos comenzado a desplumar los zorzales. Tarea laboriosa, culpable de que encarezca el plato en restaurantes y que no presida más veces de las deseadas el menú de la mesa del cazador. Precisamente por ello, siendo normalmente labor del interesado en comerlo.

Pedrín tiene ya la chimenea encendida, mientras tanto, a la espera de que se reduzca a ascuas, se dedica junto a mi tío Pepe (José Gallardo) a pelar bastantes ajos para la fritada.

José Manuel "el Semas", es el más joven de la reunión, pero no por eso menos preparado en el argot cinegético, se puede decir que es catedrático en caza menor. También fue presidente del coto social de Alameda a sus veinticinco años y puso el listón muy alto a los futuros presidentes que hemos ido teniendo.

Le acompañé como secretario en esa joven Junta directiva que formamos, y como dije al principio, es el maestro que tuve para iniciarme en el reclamo. Persona serena y prudente en sus declaraciones, hace referencia al puesto de Diego y comenta qué vivió en uno de sus puestos más intensos. Lo hace, como siempre, acordándose de la persona que le inculcó esta pasión por la caza en general, y, en especial, por la caza de perdiz con reclamo, su padre, al que considera un ejemplo a seguir y del que tanto ha aprendido, y sigue haciéndolo.

En los diecisiete años que llevo practicando la caza de perdiz con reclamo, he vivido momentos inolvidables, porque esta modalidad, para mí, es apasionante y te engancha de tal manera que es un poco indescriptible.

Quiero acordarme de una perdiz que, para mí, ha sido especial, no solo por ser un buen reclamo, que ya es muy difícil poder conseguir un pájaro con esas características, sino por todo lo que a esta perdiz, desde que era perdigón, la caracterizó.

Se trata de un pájaro que allá por mil novecientos noventa, yo mismo con diez años, cogí de perdigón. Cosas de niño, que cuando veía uno esos perdigones intentando camuflarse en el pasto seco y a su madre queriendo llamar la atención simulando no poder volar, no me podía aguantar y salía tras ellos.

Pues sí, cogí uno, y era todavía muy joven, pero me lo llevé hasta el coche, donde estaba mi padre, que me dijo que para qué lo había cogido, que tan pequeño lo más normal era que no sobreviviera. Pero me lo llevé, cosa que no invito a hacer, pues la verdad es que no suelen sobrevivir, ya que al no estar en su estado salvaje, y ser tan vulnerable, son muchas las carencias que sufren.

Bueno, pero en concreto, este perdigón tuvo la suerte de estar muy bien cuidado y bien alimentado, y aun así sufrió una parálisis en las patas que no se podía poner en pie, probablemente carencia de vitaminas o algo así.

Era un pollo, desde muy joven, con una nobleza que le caracterizaba, y parecía que tenía algo especial. Por eso, principalmente, con mucho esfuerzo y dedicación, se pudo criar y superar esa parálisis que tenía. Tengo que decir que no le faltaron saltamontes, hormigas y toda clase de alimento, lo más natural posible a su estado salvaje. Eso sí, quien de verdad crió al pájaro fue mi padre.

Quiero acordarme también de su procedencia, que fue en la zona denominada como Los Barrancos, de ahí su nombre, El de los Barrancos, porque casi siempre nos gusta a los pajariteros "bautizar" a nuestros pájaros. El de los Barrancos, que se crió con dificultades y mimos, resultó ser un gran pájaro.

Bueno, me quiero acordar de muy buenos puestos con este pájaro, pero cuando yo empecé a cazar con la modalidad del reclamo el pájaro tenía ya once celos, que en el lenguaje reclamista los celos son años, por eso quien realmente disfrutó de su mejor momento fue mi padre.

Pero aun así, me brindó buenas faenas, una de ellas tuvo lugar una mañana, ya bien entrado el mes de febrero, cuando realmente las perdices están más "duras", porque ya se han dado muchos puestos y siempre van quedando las más cobardes para defender su territorio.

Fue en el puesto de alba, para mí el mejor momento de estar en el campo, de ese silencio absoluto colocando el puesto casi sin ver lo que te rodea, al "despertar del campo", con una infinidad de cantos de todo tipo de pájaros y despuntando la mañana con el sol queriendo salir para derretir esa escarcha que cruje al pisarla. Aquella mañana, me quiero acordar, venía conmigo de cacería un buen apasionado al reclamo y buen cazador donde los haya, Antonio Fuentes "el Jilguero".

Al llegar temprano, casi de noche, pues escogimos cada uno el lugar para "colgar", cuando estaba preparando el puesto y el tanto —ya se escuchaban las perdices dando el alba, con ese particular «¡piooo, piooo!», y cantando por los alrededores—, fue quitarle la sayuela y ya estaba liado. Era una perdiz con un cante bonito de mayor, que cuchicheaba mucho, pero eso sí cuando tenía las perdices cerca sabía "trabajarlas" muy bien; unos piñones y unas embuchadas que no se le resistían.

En su alternancia de canto, veo que se le vienen dos perdices hacia él. En principio creía que era una "collera", pero al estar ya en la plaza me di cuenta que eran dos machos. Este era un pájaro que recibía muy bien al campo, y en muy pocas ocasiones escudaba, aun siendo un pájaro fuerte, y siendo machos los dos que entraron en plaza, más bien los recibía. Era uno más valiente que otro, porque no se quería cruzar con él, y en una de las veces que el más asustadizo se salió de la plaza y se vino para el puesto, le pude tirar al macho dominante. Yo pensé que al tiro se habría volado el otro, pero cargando el tiro, o haciendo el entierro, como también le dicen, este se le vuelve a venir para la plaza, con lo que me supuse que serían pájaros de repoblación, por no haberse volado con el tiro.

El de la jaula, pues, sigue recibiendo sin parar, porque se había quedado muy bien con el otro, y cuando el segundo le da un par de vueltas al olivo en el que lo tenía colgado, pues se lo tiré, un poco hacia la derecha de la plaza, recuerdo que había como tierra blanca, y al tiro se levantó una polvareda que hasta el pájaro se extrañó, pero nada, él no cortó el tiro y siguió con su canto. Al cabo de unos diez minutos, se escuchó cerca a una pájara, que a esas alturas, muy avanzada la temporada, son más complicadas de meter en plaza, pero él era un pájaro ya curtido en mil lances, y aunque, calculo yo, tendría unos diez celos, sí trabajaba todavía bastante bien, se agarró con ella y la veo venir derecha para el pájaro. También se escuchó un macho, me imagino que el de la pájara.

Las ascuas ya están listas, Pedrín coloca las estrébedes y sobre ellas un gran perol en la chimenea. Mientras se calienta el aceite de oliva, mezcla los zorzales con unas hojas de laurel, sal gorda y abundante ajo pelado, para añadirlo posteriormente al aceite cuando esté bien caliente.

Mi primo Pedrín, que es una persona voluntariosa, amable y risueña, además de muy, muy comprometida con la gestión en la caza, y respetuosa con la modalidad, actualmente es tesorero de la sociedad de cazadores El Perdigón, en el Coto Social de Alameda. Actualmente ejercen la caza en él trescientas personas, de las cuales setenta son cazadores de la perdiz con reclamo.

Pedrín guarda gran amistad con Semas, puesto que fueron compañeros de trabajo en la cooperativa de muebles Los Álamos, de la que Pedrín era uno de los socios propietarios, y en las que estuvieron durante diez años pintando muebles codo con codo, amenizando y haciendo más cortas, imagino, las jornadas de trabajo con las tertulias de caza.

Debido a esa complicidad, Pedrín comenta mirando a Semas, «Pues una tarde me llevé un pájaro que tenía, con ese, tres celos; el primer celo no lo saqué al campo, el segundo sí, cantó, pero no le pude tirar, y ese año que os cuento era ya el tercer celo que cumplía, me enteré bien de lo que era ese pájaro».

> Salimos a dar un puesto mi cuñado Pepe, Cristobillas, Pepe Botas y yo, un primer día a un coto lindero. Cada uno nos colocamos a bastante distancia unos de los otros. Yo me llevé ese pájaro que no estaba tirado todavía; cuelgo el pájaro en una retama de aquellas y al momento sale cantando mi pájaro.
>
> En breve se escucha un tiro, ya había tirado Cristobillas. Seguido se pone a recibir el reclamo al campo, «¡*curriri, curriri, curriri!*»...; no se hace esperar el campo y entra decidido dando vueltas al tanto. El mío no para de recibir. Yo busco con la mirada si trae a la pájara. Siempre, antes de tirar, me percato si viene solo o no, eso de tirarlo sin saber si trae pareja..., ni hablar —porque antes se echaba por alto un pájaro muy pronto–. Y así fue, a unos treinta metros veo a una pájara que venía picoteando y dando sus "cantaillas", «*charachaca, charachaca*!»; su macho seguía dando vueltas al tanto y de pelea con el mío.
>
> Poco a poco, sin parar de picotear el terreno, la pájara entra en plaza por detrás, e intentando subir al olivo donde tengo a mi pájaro. Sin embargo, su macho parecía ir subido en una moto, no paraba

de dar vueltas al pulpitillo. Así estuvieron un rato grande, tanto que ya estaban los amigos en el coche esperándome; los escuchaba silbar.

Bueno, pues la pájara no se iba, y yo no quería tirarle a ese pájaro y que la pájara, con su espantada, me estropeara mi reclamo, que era su primer tiro. Yo pensé que lo mejor sería la carambola. En eso que la pájara se pone por delante mirándolo, y en unas de las veces que el macho de campo en plaza se cruzó con la hembra en su pelea con mi reclamo, le hice el tiro.

Fue un tiro perfecto, no se movieron, y mi pájaro no corto el tiro, pero, en ese segundo que el pájaro cargaba el tiro, en la primera faena que le hacía en el puesto..., «*¡pum, pum!*»

Pegando saltos le entró un perro, era de raza turco; le pasó justo por debajo de la jaula. «*¡Güeeera!*», le pegue un bocinazo al perro, lo aventé, pero mi pájaro ya no cantó más esa tarde. Me pegué una irritación, que eso fue para vivirlo; un primer tiro y lo que le pasó.

Cuando llegué al coche se lo conté a los compañeros, pero yo estaba deseando llegar a mi casa para pedir consejo a mi padre. Así, conforme llegué, se lo conté tal y como me había pasado, y mi padre me dijo, «si el pájaro viene para bueno, no le pasará nada, no se estropeará».

Lo dejé cuatro días sin sacarlo, entonces se cazaban los cuarenta días; yo estaba deseando sacar el pájaro.

Antes, cuando estaba la fábrica de los muebles en plena producción, salíamos de cacería un ratillo antes y nos íbamos a las cinco o a las cinco y media de la tarde a dar una hora de puesto. Yo solía salir con la moto; metía los pájaros en un *ceroncillo* de esparto, y la escopeta y al puesto iban sobre el *cerón* sujetados con unas cuerdas de alpaca.

Esa tarde fuimos Antonio "el Silguero" y yo, cada uno con nuestras motos, a Los Barrancos. Acordamos donde colgar, me acuerdo que él se quedó en el Rozón y yo en al Mármol (un cerro con olivar muy querencioso para la perdiz). Yo iba flechado con la moto, deseando ver ese pájaro de nuevo, cuando bajando la cuesta del Fondón pisé una piedra como una pelota de tenis con la rueda de la moto…, salió el pájaro rodando lo menos quince metros por el barbecho; yo me desollé las manos y rodé también lo mío. No os podéis imaginar el leñazo que yo pegué —lo cuenta con su característica sonrisa—.

Cogí el pájaro y dije para mí, «pero a ti te cuelgo yo». Coloqué la moto sobre un lindazo que había y colgué el pájaro por la parte baja de la cuesta del Fondón, cerca de unas madrigueras que había, y junto a unas retamas que dan cara al Mármol. El pájaro, ya en su tanto con la sayuela recién quitada, miraba a un lado y a otro, no tenía ya muchas esperanzas en ese pájaro, puesto que tras lo que pasó con el perro el otro día y la caída de la moto…, pero cuál fue mi sorpresa al escuchar las primeras *embuchaillas* de mayor. En breves golpes de canto bajó ya, se animó a llamar campo; yo temblaba como una guita. A los pocos minutos le contestó un macho en lo hondo del cerro del Mármol. La alternancia de cantos fue constante, de mayor, piñones y de pie. A mí, después de lo ocurrido, me sonaban a gloria.

Ya con el sol casi puesto y sumado a la sombra que daba ese gran cerro, pues la tarde se oscurecía, en un momento donde mi reclamo hizo una callada, «¡*piooo... piooo!*», se le vino una collera de volado y cayó detrás del tanto. Se le venía delante y le rodeaban por detrás, la collera siempre junta dando vueltas. Apañé un temblar, que aquello para mí se quedó.

Me dije, «hay que ver, que después de todo lo que le ha pasado a este pájaro y el buen puesto que está dando». Pero yo no pensé que ya era tarde, el sol puesto y la sombra del cerro daban una oscuridad más pronunciada, y cuando se le pusieron para tirarle, de nuevo carambola, «¡*pumm!*». Mira, salió un chorro candela por el cañón, que el pájaro, al fogonazo, cortó el tiro... Vaya mala suerte, ya no cantó más esa tarde.

Me fui para el pueblo, y de nuevo a buscar a mi padre. Tenía que contarle lo ocurrido. Mi padre estaba ya en casa hacía rato de dar su puesto. Tras contarle lo ocurrido, me volvió a decir que con eso no le pasaría nada, que lo mismo que con los otros, el pájaro estaba bien agarrado con los de la plaza y no le pasaría nada. Los amigos también me decían que no le pasaría nada, y yo con una irritación con el pájaro que apenas dormía.

A los tres o cuatro días cogí mi *pandilla*, que le compré a un vecino de Alameda, "el Chilli", y me llegué a por Antonio "el Silguero" y su padre. Les pregunté, «¿a dónde vamos a ir hoy?». Y me dijo el padre de Antonio, «vamos a ir a la laguna, por debajo de la Ratosa, hay siempre pájaros, y cuelgas allí tu pájaro», y así lo hicimos.

Pues conforme colgué el pájaro, comenzó a llamar y a hacer las cosas de nuevo bien. Yo me decía para mí, «aquí no hay pájaro en duda, ni malo, aquí el único malo soy yo —decía entre risas de todos—», cuando por detrás de mi puesto entró el campo, lo hizo de callado, «*chorochocoooo... chorochocoooooo*». Lo que entró era un gran macho, engallado y muy decidido; vénia bueno. Le coló a plaza y no había escuchado pájara, ni tampoco la veía.

El macho se subía al olivo y se bajaba a plaza constantemente, y me dije, «tengo que tirarle cuántico esté, sin aguantarlo mucho rato, porque la tarde está cayendo y me vaya a pasar lo de la otra vez». Saco despacio la escopeta y apunto al macho mirando mi reclamo, que estaba recibiendo bien. «¡*Boooom!*», le tiré y le hice un tiro perfecto, cuando, de buenas a primeras, escucho, «*chara... charachaca...*». ¿Madre mía, dónde está la pájara? Increíble, yo aún portaba el arma, pues solo me dio tiempo a mirar si mi pájaro recibía cuando escuché la pájara. Levanté muy levemente la cabeza y estaba debajo del cañón, delante del puesto... Ya no podía ni mover el cañón ni nada, inmóvil; no me dio un infarto, creo, de milagro.

De repente, mi pájaro,«¡cuchichí, *cuchichí, cuchichí!*», y la pájara le entró en plaza, estaba propia para tirarla. Yo seguía aferrado a mi escopeta; apunto hacia la pájara y aprieto el gatillo..., lo vuelvo a apretar..., ¿qué pasa aquí? Fijaros ustedes si estaba nervioso que seguía apretando el mismo gatillo que tiraba por el cañón que tiré al macho. Era una escopeta paralela de dos gatillos. La pájara se le fue por detrás, se le subió al olivo y seguidamente se fue...

En el cocinón todos empezamos a reír y a comentar con lo que le pasó a Pedrín. «Una odisea lo que le pasó con ese pájaro, todo jaulero tiene asumido vivir con los contratiempos, pero hay veces que se ceban...».

Son ya las nueve de la noche y los zorzales ya visten la mesa en dos fuentes de barro de grandes dimensiones.

«Antonio, nos hemos dejado las bolsas en el coche», me dice Antonio Romero, percatándose de que lo único que falta en la mesa es el pan cateto casero y el vino blanco de Mollina que trajo a la comida.

Antonio Romero, exdiputado y exparlamentario, es un buen amigo mío, estima que me viene heredada por su amistad con mi padre desde hace bastantes años, incluso antes de que yo naciera. Su compromiso por la caza y su defensa por la actividad siempre nos ha mantenido en contacto.

Antonio practica la caza de la liebre con galgos desde siempre, pero en incontables ocasiones acompañaba a su padre, y retiene en su memoria gran cantidad de anécdotas y de peripecias ocurridas durante sus muchos años de acompañamiento.

Nunca se me olvidarán las hipérboles que utilizaba durante las intervenciones que tuvo en el programa *Cazadores* de Canal Sur Radio, dirigido por Norberto Javier. Programa que han dejado de emitir, pese a ser líder, y en el que coincidíamos algunas veces en la tertulia. Entre otras, se me grabó esta, «fuimos a colgar el pájaro de alba a la Vega de Antequera, y aquella mañana hacía tanto frío que a las *cuajillas* (cogujadas) que no consiguieron encontrar un terrón para reservarse, no le abrían el pico ni con un palo».

Llegué del coche con las bolsas del pan cateto y las tres botellas de vino, cuando entrando al cocinón oí a Diego preguntar a Antonio sobre si tuvo algún pájaro bueno. Antonio, «¿un pájaro?"», miraba la mesa asintiendo con la cabeza, pero demorando la contestación. En cambio, lo que llega a continuación de su pausa no es una simple respuesta. Con mirada perdida y rostro melancólico, dijo:

> Mi primer puesto, y uno de los que no olvidaré jamás, fue en el cortijo de la Serafina, enclavado en los Carvajales, en el término municipal de Humilladero. Cuenta con 400 hectáreas, la mayoría de olivar, donde mi familia recogía aceituna en los años 60. Las familias vivíamos durante las campañas de dos o tres meses en el cortijo; hacían falta todas las manos, incluidas las infantiles, por lo que las escuelas quedaban vacías.
>
> Contaba con diez años de edad. Como la mecanización y la entrada de los tractores había desplazado a las bestias, fundamentalmente mulos que servían para la labor agrícola, en las cuadras del cortijo habían habilitado habitaciones muy precarias para las familias jornaleras que vivíamos durante la campaña de recogida de aceituna a destajo. Pagaban una peseta o, a veces, dos reales por Kilo, según la época. Se iba pesando en fanegas. El encargado lo marcaba en media caña, y cada familia tenía la otra media, y así, con una mueca en toda la caña para que coincidieran. Este método es conocido como la Taja. También cuando

retirábamos aceite o pan, el encargado apuntaba de esa forma tan artesanal e histórica.

Es la Taja un método de control primitivo, muy eficaz y transparente, mejor que el control de Wall Street o los centros financieros, donde los fraudes son muy frecuentes.

Mi padre era muy aficionado a cazar la perdiz con reclamo, a los que también se llamaba cuquilleros. Teníamos jaulas, terreros, sayuelas y todos los utensilios que se necesitaban. Mi padre me llevó una mañana. Había llovido los días anteriores y no se podía recoger la aceituna, así que salimos a esas horas para el puesto de sol. Habían talado los olivos que ya habían recogido en un paraje llamado El Cerro del Mulo, y con las ramas hicimos un puesto. Yo arrimaba ramas y mi padre, debajo de un olivo junto al tronco, hacía un redondel y preparaba la tronera. Nos metimos dentro del puesto hecho con nuestras propias manos.

Se colgaba el pájaro en el olivo, a dos olivos de distancia, teniendo en cuenta que el marco de plantación de los olivos antiguos era de dieciocho varas castellanas (86,6 centímetros por vara). Nuestro pájaro perdiz venía en un saco, en la jaula con la sayuela puesta. Lo llevaba mi padre al hombro, y en el otro llevaba colgada la escopeta. Además, en los bolsillos de la blusa llevaba unos caramelos mentolados para evitar la tos en el momento que hubiera pájaro en la plaza o cerca, para evitar a toda costa el vuelo en retirada de los pájaros del campo.

Cantó nuestro pájaro y el campo respondió lejos. Volvió a cantar nuestro pájaro y respondieron más cerca dos pájaros distintos. Cada pájaro tiene su propio tono de canto, el del campo y el de la jaula.

Empezó a dar de pie y a echar piñones, y pasó un pájaro rozando el puesto. Yo estaba inclinado con una gorrilla, y el pájaro del campo picó el ramón y me picó en la visera de la gorra; estaba respondiendo a nuestro pájaro. Fue un momento emocionante, y mi padre me hacía gestos para que no me moviera. El pájaro había pasado rozando el puesto, picoteando en él, y se dirigía en la línea de la tronera hacia el tanto, donde estaba nuestra jaula. Se paró unos metros antes de llegar. El pájaro lo recibió moviendo solo las plumas de su largo cuello. Lo estaba recibiendo de manera ortodoxa o como mandan las normas. El pájaro no puede bregar en la jaula, no puede alambrear, no puede dar saltos cuando llega el del campo a su zona de visión, a la plaza. Es muy importante el momento del disparo; mi padre disparó al pájaro y calló con las alas abiertas.

Nuestro pájaro empezó a dar de pie, cada vez más fuerte, primero suave, después subiendo; empezó a echar piñones y a cantar en alto, proclamando su victoria en ese encuentro.

Yo aprendí la verdadera dimensión de esos lances años después. En aquel momento estaba en mi primer puesto y me emocioné tanto que iba con mi padre a los puestos de alba. Mi madre peleaba porque era muy temprano y hacía mucho frío, me abrigaba con bufanda, con gorra para ir de madrugada al puesto de alba. Había días que poníamos puesto de alba, puesto de sol y puesto por la tarde, tres veces al día con pájaros distintos, y otras veces con el mismo. De esa forma aprendí lo que era la pasión, la tensión, el reclamo, la disputa entre el campo y la jaula. Las carambolas que se hacían cuando dos pájaros del campo se alineaban y se podían abatir de un solo disparo.

Recuerdo que mi padre cuidaba mucho a los pájaros, les recortaba las alas para la jaula, elegía la tierra para el terrero, les echaba hasta cebolla picada en aceite cuando estaban tristes o tenían, como se decía popularmente, "blanquilla". En aquel invierno gris de los años 60 pude experimentar, en mis primeros puestos, una modalidad de caza que hunde sus raíces en la historia de las gentes en el mundo rural.

Diego, mientras comentamos el puesto que nos relata Antonio Romero, conversaba con mi tío lo que ha cambiado el reclamo. Mi tío, que añora como el que más los tiempos en que todo era perdiz de campo, la esencia prístina de la caza del reclamo y que poco a poco se va transformando por todo el territorio de la Península Ibérica, sustentándose y sosteniéndose, principalmente, por las granjas de perdiz.

«Antes era otra cosa —decía mi tío—, de los mejores puestos que yo viví, y se me quedaron grabados en mi retina, fue con perdiz pura...»

«Estas tertulias entre amigos, como la de esta noche, son también caza, son también parte de la cultura, de la tradición y de la armonía que genera el reclamo y la caza en general», comenta Pedrín mientras moja una gran sopa de pan en el aceite, de un sabroso sabor que ha quedado de los zorzales.

La verdad es que tiene toda la razón Pedrín, el reclamo lo componen muchos factores, no es solo el momento en el que uno quita la sayuela. La cultura del reclamo está presente cuando probamos nuestro pájaro perdiz de pollo, cuando lo mimamos durante todo su vida con magdalenas, bellotas, etcétera; cuando lo estamos cambiando del terrero a la jaula, cuando lo estamos subiendo al vehículo y acostumbrándolo al trasiego; el reclamo está en las tertulias que cada uno tiene con los amigos después de cada jornada de caza; el reclamo está en armonía con el medio ambiente.

CAPÍTULO V
LA ESENCIA DEL RECLAMO

Antonio Gallardo Romero

Habiendo dado buena cuenta del exquisito perol de zorzales al ajillo y del buen vino, la sobremesa se prevé entretenida. Pedrín conecta el DVD y mete un disco en el que nos disponemos a ver algunas grabaciones de puestos que nos ha traído Diego.

Son dos puestos en los que Diego decide no tirarle a su pájaro. En el primero, el campo, un macho solitario, no entra decidido, viene como gallina en corral ajeno, está "frío", entra picoteando las hierbecillas de la plaza sin hacer mucho caso la jaula. En la segunda grabación es al contrario, el campo, una collera que le entró volado, parece un poco más animada, pero la jaula está con un macho que le responde a varias decenas de metros por detrás del colgadero.

Tras ver los Lances, dije:

"Eso hay algunos que las hubiera tirado. Has hecho bien Diego, puesto que en ninguno de los dos casos ha estado la faena bien para tirarle. Es una pena que haya gente que no le haga las cosas bien a su pájaro, son como abogados de malas causas. La verdad es que, estos personajes en minoría que hacen las cosas contra natura, son los responsables de la opinión sesgada y discriminatoria que nos tienen

a los reclamistas, no solo los no aficionados, sino también cazadores que practican otras modalidades de caza, y que no se corresponden con el reclamo, sobre el correcto y verdadero procedimiento, que rigen los cánones de caza de la perdiz en plaza.

Pienso que es una modalidad en la que a los principiantes se les debería dar un curso de iniciación, un folleto con las bases principales de la caza de la modalidad de perdiz con reclamo o algo parecido.

Para iniciarse, más vale saliva de veterano que betún de quinto. No todos nos hemos iniciado con un maestro de los buenos, una persona que no busque carne en su salidas, un jaulero que transmita la verdadera esencia (que para esta y para todas las modalidades de caza, no es el abatir sino el lance que nos permite abatir, no se caza para llenar la mochila) y rigor de la caza de perdiz con reclamo.

Cuando alguien, cualquier persona que ejerza la caza de la perdiz con reclamo, te cuenta lo sucedido en el puesto de una jornada de cuelga, normalmente ya no hace falta haber visto la faena para saber si es un cuquillero o no es un cuquillero de verdad. En pleito claro no es menester letrado".

A lo que Pedrín expone con cara de enojo, mientras recoge los platos y los cubiertos que hemos utilizado en la cena:

"El problema es que a esos personajes que ni tan siquiera le deberíamos decir cazadores, son difíciles de controlar, son puros escopeteros, los ven venir y les disparan. Son gente que no les cuaja un pájaro bueno.

Yo hay veces que estoy pronto en casa, incluso en el bar pero no alardeo de pájaros abatidos, porque una faena puede durar minutos o puede durar horas, nada tiene que ver que en la duración de un puesto esté la manera correcta de culminar una faena. Pero esos son normalmente los primeros que están en el bar para alardear de pájaros cobrados y no de buenas faenas de sus reclamos".

A lo que Tomás argumenta:

"Por supuesto que no. Son muchas más las circunstancias que te pueden suceder en la plaza; hay puestos que la faena te puede durar perfectamente con un trabajo completo de tu reclamo sobre unos quince minutos o menos, por diversas circunstancias; que tu jaula haya reclamado bien, que el campo esté a una distancia próxima y venga bueno, con ganas de pelea y en otras ocasiones te puedes tirar dos horas de faena en las que, o tu pájaro tarda en acertar con el engaño para meter en plaza a sus congéneres o que al campo le cueste de una forma recelosa entrar en plaza, y por muchas circunstancias más, que en muchas ocasiones, cuando vuelves a casa del puesto, hacen que suspires más que una beata en un sermón de Cuaresma".

Todos son asentimientos dando la razón a los compañeros.

El fuego de la chimenea que fue reavivado tras terminar de cocinar esos exquisitos zorzales, acumula cierta cantidad de ascuas de las que mi tío se apresura a apartar a un lado esquinado de la piedra de fuego.

De una visita a la casa de mi compañera de directiva en Jóvenes Cazadores Andaluces, Clara Von Füstenberg, me regaló un buen bolsón de castañas, que una tía suya le trajo recién recogidas de su finca cercana.

Mi tío ya tiene varias castañas rajadas en la robusta mesa que hace al cocinón chico, en perspectiva por las grandes dimensiones que tiene el tablero. Coloca un buen puñado de castañas dentro una lata vacía de carne de membrillo del vecino pueblo de Puente Genil y la pone sobre la estrébes para asarlas.

Son cerca de las diez de la noche y escuchamos llegar a un coche, las vibraciones del portón metálico del cocinón y la luz que se entremete por las ventanas delatan la presencia del vehículo. Es mi primo Pepe Carlos, hermano de Pedrín y buen reclamista también.

Pepe Carlos porta dos jaulas con las sayuelas puestas.

"Toma Antonio", me dice sonriendo, *"estos pájaros son dos pollos comprados en la feria de perdiz con reclamo de Villanueva de Algaidas. Cuando llegue la hora los pruebas y si te gustan, te quedas con ellos"*.

Son dos pájaros nobles, serenos, de plumaje niquelado y collar pronunciado. En la feria de Reclamo de Algaidas celebrada hace unos días, localidad de Diego Rama, el cual preside el club que la organiza, Cuquilleros al Alba, expusieron granjas bastante buenas.

"¿Este año vas a Ciudad Real, Pepe Carlos?". Pregunta mi tío mientras saca con unas tenazas la lata con las castañas de la candela. Pepe Carlos que suele ir todos los años a la localidad de Villanueva de la Fuente al coto de Albadalejo a cazar el reclamo con los amigos... *"Este año subiré unos días, sí"*, responde. Seguidamente me mira y me dice:

"¿Antonio te animas este año y vienes conmigo?".

Al que respondo sin dejarlo insistir:

"No me termina de convencer mucho aquello. Según me contáis allí el pájaro por muy poquito que trabaje te entran los pájaros a plaza y además en abundancia.

Aunque la perdiz por estas zonas las tengan medio sostenidas las granjas cada vez más, eso que allí se ve, aquí no lo tenemos y el pájaro normalmente tiene que trabajar algo más para meterlo en la plaza, no me fío, vayamos a que el reclamo que allí me lleve con poco esfuerzo en su trabajo meta en plaza los pájaros y aquí cuando tenga que trabajar un poco más se me ponga a bregar y me dé con el pájaro.

Ahora tengo seis pájaros y los seis de granja, dos de Alonso del Chopo, dos de José de Pavion y otro par de mi "primo" Agustín de San Marcos, estos últimos de tres celos. Con estos reclamos de granja con los que cazamos es una lotería saber con certeza si te van a valer, incluso le hagas las cosas bien temporada a temporada.

Sea como fuere, y a causa de las circunstancias que acarrean el masivo "aporte" de perdiz de granja, normalmente de manera inapropiada a los cotos, la verdad es que se está perdiendo la pureza de la caza del reclamo. Hace quince o veinte años me acuerdo perfectamente cuando no había lo que ahora hay de granja por esta zona, todos sabemos las cantidades de veneno que se esparcen en la agricultura sobrepasando con creces las dosis permitidas de fitosanitarios, etc.

Antes tenías que hacer el puesto de una manera muy sutil, las ramas con la que montábamos el puesto, debían de estar perfectamente puestas, aún más que ahora, sin que el reverso más claro de las hojas, estuvieran visibles. Los ruidos provocados por tos, estornudos o roce con el puesto salían caros.

La caza, en la modalidad de Reclamo o en cualquier otra, debe tener dificultad, que al Cazador le resulte incierta. En esos cotos de donde volvéis "emocionados", que casi son como colgar en el voladero de una granja, no existe esa dificultad del lance y por tanto carece totalmente de la esencia de la Caza".

¡*Eso es verdad!* Me responde Pedro (padre de Pedrín y Pepe Carlos) siguiendo. *"Aquello no tiene nada que ver con la realidad, ¿cuándo se ha visto tirar siete o más perdices en un mismo puesto y en una sola mañana?".*

También ahora los pájaros perdices no encuentran ningún lugar idóneo para hacer el nido, las lindes los agricultores las rocían también de herbicida y son inexistentes, el forraje que crían en primavera las calles de los olivares cuando están anidando las perdices en ellas las desbrozan, también el cereal de ciclo corto es muy típico ahora y se siega en verde casi todo por aquí y combina que todo eso pasa cuando están sacando los nidos las pájaras.

Es una pena este modelo de agricultura que hay hoy, antiguamente el laboreo era distinto y criaban bastante las perdices.

¿Dónde están los políticos? El campo está envenenado completamente, se salvan muy pocos animales de las consecuencias de esos venenos e incluso cada vez hay más casos de cáncer en personas y no me extrañaría que se deba a eso".

"Y por el conejo", se escucha decir a Semas, que estaba esperando para apuntillar el dato, y que continúa argumentando con la serenidad que le caracteriza, *"las escasas o nulas poblaciones de conejos en zonas donde antes eran abundantes por culpa de las enfermedades de mixomatosis y la neumonía hemorrágica vírica, tiene también como consecuencia una depredación bastante acusada sobre las poblaciones de perdices"*.

¡*Pues clarooooooo!*, exclamó Pedro, *"el campo ya no es lo que era, lo mismo que ahora... antes había fuentes naturales de agua buena en muchos sitios, cuando trabajábamos en las faenas del campo, había un nido de tórtola un olivo si y uno no, cuando desvaretábamos los olivos, había un nido de perdiz cada pocas decenas de metros, anda que no nos comíamos antes las criaturas huevos de perdiz de los nidos y aun así, había perdices a manta.*

Y cazar el reclamo antes lo hacíamos a escondidas, se cazaba para comer, antes eran solamente diez o doce reclamistas en los pueblos. La distancia entre puestos era muy grande, no solían escucharse una jaula a la otra. Si escuchaban un tiro cerca, lo más normal era que se estropeara el reclamo. No se cobraban apenas perdices en aquellos entonces, puesto que un pájaro mal tirado era fijo que no lo recuperabas.

Ahora no hay ni que tapar el puesto en casi todos los lugares vemos pájaros repoblados o cuya presencia es fruto de la gestión del coto con padres introducidos provenientes de granjas".

A Pedro se le nota nostalgia y frustración en el tono de sus palabras. No es para menos, dos épocas totalmente desiguales tanto en cantidad como en calidad de las patirrojas. Y las mermas en población de Perdiz seguirán cayendo con este sistema de producción en el que se basan nuestros gobiernos. Todo tendrá otro rumbo a mejor con una política agraria, donde el agricultor sea remunerado por las pérdidas en producción a cambio de un laboreo más ético y respetuoso con la biodiversidad del ecosistema.

Fotografía de José Melero Plasencia

De esta forma, volverán a recuperarse las poblaciones, no solo de perdices, también de toda la fauna silvestre y viviremos de nuevo la añorada pura esencia de la Caza tradicional de la Perdiz con reclamo.

CAPITULO VI
LA PERDIZ CON RECLAMO SIN MUERTE

Antonio Gallardo Romero

En este caso hablamos de la caza en vivo incluida desde 2017 en la Comunidad Autónoma Andaluza. El estudio de fenología de la perdiz roja, que sirvió para demostrar ante la Unión Europa que la modalidad no incumple la Directiva Aves, ya que nos avisaba en una carta de emplazamiento que sufriría una posible prohibición, se expone íntegro en este libro, hace que luzca en la Orden General de Vedas con total legalidad y debidamente reglada. Y como no podía ser de otra manera, la perdiz con reclamo consta en el Reglamento de Ordenación de la Caza de Andalucía (ROC) en el apartado de modalidades de caza en su punto noveno. El apartado referente a modalidades de caza dice textualmente:

9.º Perdiz roja con reclamo: Modalidad de caza en la que una persona cazadora, apostada en un lugar fijo y con ayuda de un reclamo macho de perdiz roja en jaula, espera a que acudan atraídas por este, otros ejemplares de su misma especie, para su abatimiento o captura.

Ojo dice o captura y es que se ha tenido a bien la propuesta que la Federación Andaluza de caza hizo tras la insistencia de cazadores y asociaciones cuquilleras.

El artículo 87 desde el punto 2 incluye lo siguiente:

Artículo 87. Perdiz roja con reclamo y en ojeo.
2. De conformidad con lo previsto en el artículo 66 de la Ley 42/2007, de 13 de diciembre, en la Orden general de vedas se podrá autorizar la modalidad de la caza de perdiz roja solo con reclamo macho, en los lugares en donde sea tradicional y con las limitaciones precisas para garantizar la conservación de la especie, fijándose las

condiciones de tiempo, lugar y número máximo de ejemplares a abatir por día y persona cazadora.
3. Durante la práctica de la modalidad de perdiz con reclamo se podrán utilizar armas para el abatimiento de los ejemplares o practicar la denominada caza sin muerte. Ambas modalidades deberán estar previstas en el plan técnico de caza.
En esta modalidad, ya sea con muerte o sin muerte, no se permite la caza con cualquier tipo o método de reclamo artificial.
4. La modalidad de perdiz con reclamo sin muerte deberá realizarse mediante métodos homologados que consistirán básicamente en la aplicación de unos mecanismos que capturen de forma selectiva, y sin causar daños a aquellas perdices que acudan al reclamo.
Las condiciones de uso, número de capturas y características de los métodos para la práctica de la modalidad de perdiz con reclamo sin muerte, se determinarán mediante Orden de la Consejería competente en materia de caza.
Las capturas obtenidas serán restituidas inmediatamente in situ, salvo los ejemplares autorizados por el órgano territorial provincial correspondiente para la tenencia en cautividad de piezas de caza vivas, en cuyo caso se procederá a su identificación e inscripción como medio auxiliar de caza, en el Registro Andaluz de Aprovechamientos de Flora y Fauna Silvestres, de conformidad con el artículo 84.

Además autoriza cazar con perdices capturadas y así lo expone el siguiente texto también del reglamento:

Los reclamos deberán proceder de capturas realizadas en cotos de caza que tengan autorizado en su plan técnico de caza la captura en vivo, en condiciones estrictamente controladas y mediante métodos selectivos que legalmente se establezcan para cada especie, o bien procedentes de granjas cinegéticas u otros núcleos zoológicos o avícolas autorizados o, en su caso, de explotaciones especiales de ocio inscritas en el Registro de Explotaciones Ganaderas de Andalucía, de acuerdo al Decreto 14/2006, de 18 de enero, por el que se crea y regula el registro de explotaciones ganaderas de Andalucía, siempre que se pueda acreditar su origen.

La incorporación de esta opcional manera de cazar, como es la caza en vivo, y que como requisito principal para llevar a cabo esta y cualquier modalidad es que esté reflejada en el plan técnico de caza, es tomada a bien por muchos cazadores, reclamistas y no reclamistas. Este método opcional, ayudará a quitar presión cinegética a la perdiz y por consiguiente mermará menos la especie y da oportunidad de conseguir reclamos del terreno, consiguiendo liberar las hembras y los machos que no sirvan. Claro está que es opcional y que normalmente se efectuará con reclamos ya hechos, el método de captura no puede dejar a la campesina moverse o muy posiblemente no le caiga nada bien a un reclamo joven o poco cazado el lance.

Los furtivos que se dedicaban a quitar perdices y los que vendían granjeras como pájaros del terreno, tendrán sus días contados. Son algunos de los beneficios que también tiene cazar sin muerte, aunque también hay quien la sufrirá, veamos a las pequeñas y medianas granjas que se dedican a la venta de perdices para usarlas como reclamos. Lógicamente seguirán teniendo su venta, pero a escalas menores.

Poniendo en una balanza lo que suma y lo que resta, sobradamente gana lo que suma en favor de este método que si no me equivoco pronto tendrán otras Comunidades y del que ya se gozaba en Baleares y otros países pero con un método de captura diferente, con lazos.

CAPÍTULO VII

CAMPEONATOS DE PERDIZ CON RECLAMO

Antonio Gallardo Romero

Que mejor momento para escribir este capítulo sobre los Campeonatos Oficiales de Perdiz con Reclamo macho, que en el que me encuentro, estrenando el cargo como nuevo delegado de jueces de la tradicional modalidad cuquillera de la Federación Andaluza de Caza.

La modalidad de perdiz con reclamo, en sus campeonatos, los cuales comenzaron a realizarse de manera experimental en Archidona (Málaga) en el año 1997, tienen asegurado, pese al declive poblacional de la perdiz roja, debido a la degradación de medio natural a causa de este modelo de agricultura tan devastadora, un número en aumento de adeptos cada año, forjándose cada vez más el respeto y el asentamiento a esta competición de canto.

Oficialmente, el primer campeonato de España se celebró en la ciudad de Badajoz (Extremadura), en la Finca Los Cotos en el año 1998, quedando campeón el andaluz Arturo Martínez Pomares.

Los campeonatos acercan la modalidad al núcleo urbano. Y pueden ser seguidos en directo en una pantalla, mediante un sistema de televisión, donde el público asistente puede observar la actuación de todos los reclamos participantes. Normalmente, estas pantallas se sitúan en el mismo lugar habilitado por la organización para los sorteos y entrega de premios, dentro de las mismas localidades, generando un buen aporte económico en los hostales, bares, restaurantes y comercios de la localidad, así como visitas de los asistentes a los monumentos y lugares históricos de las poblaciones que solicitan los campeonatos.

Estas citas tienen como finalidad proteger esta manera tradicional de cazar la perdiz, acentuar aún más el acercamiento al reclamo, el valorar y premiar las aptitudes de los reclamos de perdiz macho —que debe ser de la especie perdiz roja (*Alectoris rufa*) para poder participar—, principal protagonista de los campeonatos, puesto que el dueño del reclamo o el que lo porta para tal, solo interviene en el momento del disparo, si procede. Importante es señalar que no seguirá sumando puntos el reclamo si no le tira en condiciones óptimas, es decir, si le abate el "campo" sin recibirlo o fuera de plaza, se termina ahí la puntuación.

La prueba durará, como máximo, treinta minutos por reclamo. A partir de los diez minutos de iniciar el trabajo el reclamo se soltará de la caja al macho, y en breves segundos, a la hembra.

Las valoraciones recogidas en el reglamento se puntúan de la siguiente manera:

SALIDA DE 0 A 10 PUNTOS

De embuchada + 5
De piñón +5
De pie +5

TRABAJO

Canto de mayor de 0 a 10
Calidad de canto de 0 a 10
Canto de pie de 0 a 10
Calidad de canto de 0 a 10
Piñoneo de 0 a 10
Calidad de sonido de 0 a 10

RECURSOS

Titeo de 0 a 10
Cloqueo de 0 a 10

Aguileo de 0 a 10
Mandar a callar de 0 a 10
Mover campo de 0 a 10
Alternancia de cantos de 0 a 10

RECIBOS

Recibo el entrante de 0 a 10
Carga el tiro de 0 a 10
Levantada de campo de 0 a 10
Estampa y Nobleza de 0 a 5

PENALIZACIONES

Toma alambre de 0 a —10
Se vota de 0 a —10
Toma copa de 0 a —10
Pechugada de 0 a —10
Se agacha de 0 a —10
Regaña de 0 a —10

Comportamiento con la hembra (puede restar, según comportamiento del reclamo)

La prueba se realiza en un recinto habilitado por la organización, el cual debe cumplir unos requisitos de montaje del campo; con una delimitación de matorral frondoso, o malla recubierta de vegetación, para impedir que el "campo" se salga en una primera reacción al salir de la caja, con una altura aproximada de setenta centímetros; un pulpitillo, o tanto, que puede ser natural o artificial. Las cajas de suelta se situarán de tres a cinco metros del pulpitillo; serán mínimo dos, y pueden ser de diferentes formatos de material insonoro con puertas de apertura total, que serán abiertas a distancia, accionadas mediante cuerdas o directamente en cavidades en el suelo.

El recinto, o plaza habilitada, deberá respetar el entorno natural. Los jueces, el participante y el cámara de la prueba se situarán ocultos en unos puestos artificiales de tela, de piedra (como el que se adjunta en la imagen anexa) o camuflados por vegetación, a una distancia similar, en metros, del tanto o pulpitillo a la que se puede encontrar en el entorno cualquier cuquillero que se disponga a colgar en su acotado, que normalmente, y según el lugar de cuelga, puede variar de entre trece a dieciocho metros aproximadamente.

El motivo principal para que los campeonatos se realicen en estos recintos cerrados es dar igualdad de condiciones a la hora de enjuiciar a todos los reclamos participantes. Cada prueba se ejerce en el mismo recinto, donde gozan todos los pájaros concurrentes de las mismas oportunidades; de no ser así, realizándose los campeonatos en campo abierto, ningún puesto sería igual, ya que pueden influir en el resultado los estorbos, animales que entran en plaza, etc.

La perdiz que se suelta, la llamamos, para distinguirla cuando hablamos de las destinadas a abatir, *campo*, y debe ser de una granja con certificado de pureza cinegética de perdiz roja (*Alectoris rufa*), previa comunicación y autorización de la administración para poder utilizarla en el campeonato.

Puesto artificial de piedra, realizado en el campeonato de Andalucía, que enjuicié el 21 de febrero de 2015, en la localidad onubense de Rosal de la Frontera

Referente a los jueces: enjuiciarán dos jueces si son los campeonatos locales o provinciales, y tres jueces si son los campeonatos autonómicos o nacionales. El juez tendrá potestad para dar por terminada una puntuación, si el reclamo no asemeja su canto de mayor en calidad y cantidad al natural de sus congéneres de campo, o se excede en silencio o trabajo insignificante durante los diez minutos de comienzo.

Para poder participar en estos campeonatos el reglamento exige al participante poseer su licencia en vigor, además de conocer y aceptar el reglamento, no estar inhabilitado disciplinariamente y estar en posesión de la documentación exigida por la legislación vigente para la práctica de esta modalidad.

Cazar en los campeonatos de perdiz con reclamo no es lo mismo que cazar en un coto abierto, tiene sus diferencias, como antes apuntaba, porque en un campeonato hay que igualar en las mismas condiciones de enjuiciamiento a todos los reclamos participantes, que solo verán diferencia entre ellos en el turno de participación, el cual será establecida por sorteo previo. Tampoco aceptan todos los pájaros desarrollar su trabajo en un recinto donde el "campo" le entra como de callado. Por eso, normalmente, se utilizan pájaros ya hechos para participar. Solo las rapaces o inclemencia meteorológicas fortuitas, como fuerte lluvia o viento, puede alterar la posibilidad en un campeonato de que se dé alguna diferencia entre unos y otros enjuiciamientos.

Pero tiene un porcentaje alto de similitud con cazar el reclamo en terreno natural. Se respeta totalmente la esencia de esta modalidad tradicional de caza o arte de la caza. El recibo en plaza, la alternancia de cantos, el trabajo correcto de cargar el tiro y levantar campo, los sonidos de engaño para meter en plaza a las congéneres; todo, todo lo que hace y debe hacer un buen reclamo en campo, se vive y se ve en un campeonato.

CAPÍTULO VIII
LAS ESPECIES DE PERDICES MÁS IMPORTANTES

Antonio Romero Ruiz

GRUPO ALECTORIS

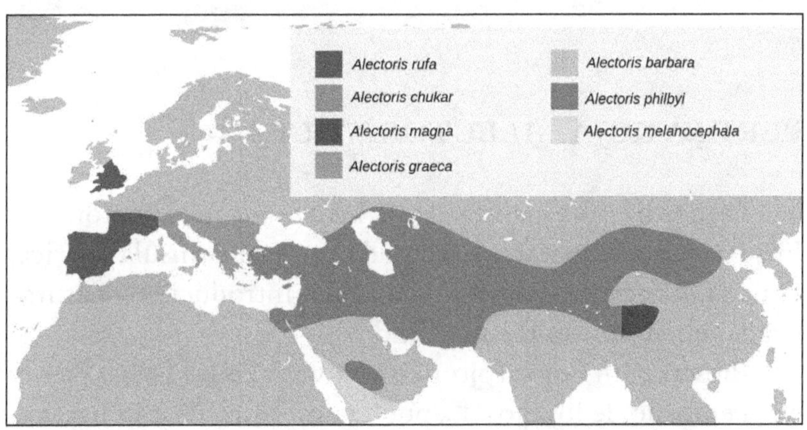

Distribución territorial del grupo que compone las especies de *Perdiz Alectoris*. Imagen de http://www.wikiwand.com/en/Chukar_partridge

PERDIZ ROJA. *ALECTORIS RUFA*

La perdiz roja peninsular (*Alectoris rufa*), autóctona de Europa sudoccidental y extendida por la Península Ibérica, Francia, Córcega, Baleares y, también introducida y naturalizada, en el sur del Reino Unido.

Presenta un color rojo fuerte y vivo en las patas, pico y en el entorno de los ojos. La puesta está entre 12 y 18 huevos, y el nido es un hoyo suave en el suelo, con plumas, hierba y forraje seco. Su alimentación es de granos, semillas, uvas, higos, saltamontes, hormigas y otros insectos. Su hábitat habitual está en las viñas, en los secanos.

PERDIZ MORUNA. *ALECTORIS BARBARA*

La perdiz moruna procede del norte de África. Está presente en Cerdeña, Gibraltar, Ceuta y Melilla, Portugal e Islas Canarias. A falta de estudios rigurosos, la isla de Cerdeña agrupa hoy al mayor número de estas aves.

Algunas fuentes creen que los romanos las llevaron a algunas de estas islas. En Canarias, por las características de su terreno, se han reproducido en gran número. La perdiz moruna se parece mucho a la perdiz roja, con unos colores más tenues y un mayor peso.

PERDIZ CHUCAR. *ALECTORIS CHUKAR*

La perdiz chucar extiende su hábitat desde el Mediterráneo oriental hasta Asia central y China. Más tarde fue introducida en Hawái, Canadá, Estados Unidos, Isla Robben y Nueva Zelanda.

Su mimetismo es de tono claro, adaptado a las zonas limpias donde habita.

Suele ir agrupada en bandos de media a alta agrupación, de hasta 35 o 40 ejemplares. Su alimentación es variada; insectos, brotes y semillas son la base de su alimentación. Las nidadas están comprendidas de entre seis y quince huevos.

PERDIZ MAGNA. *ALECTORIS MAGNA*

La perdiz magna, siendo endémica de China, es, como se observa, muy similar a las otras. Esta perdiz se encuentra dispersa en los territorios, y en estos últimos años va decreciendo la población. Pero no está en riesgo de desaparición, todo lo contrario, está fuera de toda alarma. Por tanto, la magna está clasificada como riesgo menor de desaparición.

PERDIZ ÁRABE. *ALECTORIS MELANOCEPHALA*

La perdiz árabe habita en parajes desérticos de Yemen, Arabia Saudita y Omán; sus poblaciones parecen ser estables. Dentro del grupo de las *Alectoris* es la más esbelta, siendo de mayor tamaño en esta especie los machos que las hembras. De alimentación similar a todos las del grupo de *Alectoris*: semillas, insectos y vegetación. Suelen poner hasta ocho huevos en sus nidadas.

PERDIZ GRIEGA. *ALECTORIS GRAECA*

La perdiz griega vive en los Balcanes, la Península Itálica, los Alpes y Sicilia. Esta especie cuenta con tres subespecies, muy parecidas en coloración, distribuidas entre Bosnia, Grecia, Bulgaria y Los Apeninos.

Es muy parecida a la perdiz roja, aunque carece de las pintas negras del babero y el gris de su dorso.

PERDIZ GORGINEGRA. *ALECTORIS PHILBYI*

Pariente de la roja, de la moruna y de la chucar, nace en el suroeste de Arabia y de Yemen. Es una Perdiz del grupo de las *Alectoris*. Hay alarma por su posible declive, ya que se encuentra en zonas donde hay conflictos bélicos, que degradan el hábitat. De momento goza de una población estable.

PERDIZ PARDILLA. *PERDIX PERDIX*

La perdiz pardilla, nativa de Europa y Asia central y occidental, está presente en Europa septentrional y central. Su asentamiento más común se da en terrenos montañosos, por encima de los 1000 metros de altitud. Ha sido también introducida en Norteamérica, campeando zonas de llanura, con fines cinegéticos. Sus patas son color grisáceo, al igual que su pico. Cuenta con al menos 7 subespecies. Es más pequeña que las otras especies de perdiz. No es del grupo de las *Alectoris*. Sus nidadas son de una media de quince huevos.

PERDIZ NIVAL. *LAGOPUS MUTUS*

Perdiz nival (*lagopus mutus*): familia de las tetraónidas, también conocida por nombres comunes como lagopodo alpino, perdiz blanca o perdiz nival, muy extendida en las regiones frías del holártico.

Habita las partes altas de las zonas más montañosas de Eurasia y Norteamérica. En los Pirineos españoles también está presente esta variedad (*Lagopus mutus pyrenaicus*), cuyas características son: patas cubiertas de pluma hasta la parte distal de los dedos; duras uñas con las que escarban entre la nieve más dura; pico corto y negro; un plumaje cambiante según época del año, en verano están cubiertas con un plumaje pardo oscuro, que va aclarándose hacia el invierno hasta quedar completamente blancas, para camuflarse entre la nieve; cambia de lugar con frecuencia; y su peor enemigo es el águila real, sobre todo en la Península Ibérica. Se conocen unas 30 subespecies.

CAPÍTULO IX
LAS RECETAS DE PERDIZ MÁS INTERESANTES

Antonio Romero Ruiz

A veces no hay piezas de caza con las que cocinar, sencillamente porque no hay atino para cazar y hay que usar la inventiva, como está recogido en un capítulo de *Los siete galgueros de* Écija, de Antonio Romero, del que sacamos el siguiente extracto:

> *Pensaban comer las piezas cazadas y acabaron friendo rebanadas.*
>
> *En la España en blanco y negro, en la España que se asfixiaba, todavía no se había abierto la válvula de la emigración. Decidieron salir al campo, quitarse del paro y de los bares, hablaron con José Pelotas, un hombre de gran estatura y buen cocinero, que había hecho comidas para grandes cuadrillas. Con su burra Margarita transportaron al campo las sartenes, el aceite, el pan y el vino a granel, y quedaron en que instalarían el hato en los cerrillos. Allí prepararía el cocinero el fuego, y esperaría a los cazadores que llegaran con las piezas cazadas, con la consiguiente sorpresa*

de que cazadores experimentados llegaron con las manos vacías. Solo uno llevaba un mochuelo, que con la teoría de que pájaro cazado a la cazuela, tenemos que suponer dónde acabó el mochuelo.

José Pelotas planteó una solución, «¡no me queda nada más que freír rebanadas!»

LA COCINA JUDÍA

Alimentos prohibidos:

De las aves, según Isaac Ver Meir: el buitre, el cuervo, el halcón, la lechuza, el avestruz, la garza, la grulla, la gaviota, el vencejo, la cigüeña y el águila.

Los huevos de estas especies también están prohibidos. Y todo huevo fecundado que tenga una mancha en la clara o algo de sangre.

Alimentos permitidos:

Las frutas, verduras, legumbres y, en general, productos de la tierra.

Animales rumiantes que además tienen pezuñas partidas: vaca, buey, cabra, oveja, cordero, ciervo y búfalo.

Entre las aves hay cierta disparidad, como señala el rabino Isaac Meir Hacichén en su libro *Zibhé*: la gallina, el pavo, el ganso, el pato, la codorniz, la perdiz, el gorrión, la tórtola y la paloma.

De estas aves estaría permitido comer sus huevos siempre que estén sin fecundar.

RECETAS JUDÍAS

PERDICES CON CHOCOLATE

Ingredientes

- 2 perdices de campo
- 500 g de chalotas
- 60 g de chocolate negro
- 2 dientes ajo
- 2 hojas laurel
- 2 cucharadas soperas de vinagre
- 200 ml de aceite
- 6 granos de pimienta negra
- 3 cucharadas soperas de brandy
- sal

Pasos

1. Rehogar las perdices en el aceite a fuego medio hasta que queden marcadas.
2. Añadir ajo, pimienta, laurel y vinagre. Bajar el fuego y cocer 10 min. con tapa. Quitar la tapa los últimos minutos.
3. Añadir las chalotas y echar agua hasta cubrirlas. Cocer a fuego muy lento; mínimo 1hora, y 10 min. más por cada perdiz en la olla.
4. Dar vueltas a las perdices cada 20min. Añadir sal y probar. Mantener siempre tapada la olla.
5. A la hora de cocción: añadir el brandy sobre las perdices, dejar destapada la olla hasta que se evapore el alcohol, y volver a tapar.
6. En una olla aparte, separar parte del caldo de las perdices y fundir el chocolate poco a poco a fuego muy lento. (Toque *premium*: añadir un chorrito de brandy).
7. Dejar reposar las perdices al menos 1 hora. Servir en una fuente grande con las chalotas y un poco de salsa encima, el resto de la salsa ponerla en una salsera.

PERDIZ CON MEZCLA FORESTAL, BOLETUS A LA PARRILLA, PATATA CONFITADA Y CASTAÑAS DE DOMINGO GONZALEZ

facilitada por "@Corcinando"

Ingredientes maceración de la perdiz:

- Perdiz de monte
- 100 g de cebolla cortada en brunoisse

- 50 g de manteca de cerdo
- Dientes de ajo picados
- 1 hoja de laurel
- 1/2 dl de aceite de oliva virgen
- 1 cucharada de café de tomillo
- 1 cucharada de café de hierbas provenzales
- 20 cl de brandy
- 50 cl de vino blanco
- Sal y pimenta negra

Preparación:

1. Se despluma la perdiz y se chamusca con el soplete para eleminar toda clase de plumas y pelillos que puedan quedar adheridos al desplumar la perdiz , limpiamos de despojos y lavamos bien.
2. En un cuenco metemos la perdiz y ponemos todos los ingrediente dentro, mezclados con la perdiz y dejamos macerar durante 24 horas.

Guarnición:

- 50 g de setas mezcla forestal
- Boletus edulis
- 1 patata confitada en aceite de oliva a 100 grados , durante un horas y media aproximadamente
- 50 g de castañas cocidas el almíbar
- 1 dl de fondo oscuro de caza
- 10 cl de brandy

Elaboración:

En una sartén ponemos a calentar la grasa de cerdo con el aceite y doramos la perdiz , flambeamos con un chorrito de brandy y seguidamente añadimos el resto de los ingredientes donde tuvimos a macerar la perdiz , dejamos cocer a fuego lento durante aproximadamente unos 50 minutos y vamos añadiendo el fondo oscuro , teniendo en cuenta que no se quede sin líquido la perdiz y cuando queden unos 15 minutos añadimos la mezcla forestal y rectificamos de sal y pimienta.

Cocinamos el boletus a la parrilla con un poco de aceite y sal.

TARTALETA DE PASTEL DE PERDIZ

Ingredientes

Para 4 raciones.

- 1 paquete de tartaletas de tamaño pequeño
- Bechamel de perdiz escabechada
- 50 g de aceite de oliva
- 50 g de mantequilla
- 1 chalota fresca pequeña o media cebolleta fresca
- 90 g de harina
- 300 ml de leche
- 1 pizca de pimienta y otra de sal
- 1 huevo batido
- 1 bote de perdiz en escabeche
- 50 g de caldo del bote de la perdiz

Pasos

30 minutos.

1. Picar la perdiz del bote en trozos muy pequeños.
2. Poner en una sartén el aceite y la mantequilla. Cuando esté caliente, echar la cebolla muy picadita y pocharla.
3. Echar la harina y remover con varillas hasta que se dore ligeramente. Este paso es quizás el más importante, debiéndose evitar que la harina sepa a crudo. Añadir la leche, el caldo y el relleno, y no dejar de remover con las varillas. Trabajar la masa a fuego suave durante 12 minutos.
4. Cuando empiece a hervir, retirarlo del fuego. Tiene que quedar una masa bastante densa. Cuando temple un poco, pasar la masa a una manga pastelera con boquilla rizada.
5. Montaje de las tartaletas: Poner porciones de masa con la manguera pastelera a modo de moñitos en las tartaletas. Pincelar cuidadosamente con huevo batido. Precalentar el horno a 200 °C (calor arriba y abajo). Meter las tartaletas unos 7 minutos hasta que queden ligeramente doradas.
6. Servir calientes.

ENSALADA DE PERDIZ ESCABECHADA

Ingredientes
Para 4 raciones.

- 1 perdiz escabechada, que tenga la cebolla y demás ingredientes del escabeche
- 1 cebolla de guisar dulce
- 4 o 5 setas shitake
- 3 orejones de melocotón
- 6 ciruelas pasas
- 4 nueces
- 8 tomates cherry
- 1 lechuga blanca
- 1 lechuga roja
- Escabeche de la perdiz
- Aceite de oliva virgen
- Vinagre suave
- Sal

Pasos
30 minutos.

1. Poner a remojo los orejones y las ciruelas hasta que se hidraten.
2. Freír cortada en pluma la cebolla.
3. Freír también cortada en tiras las setas.
4. Sacar del remojo los orejones y las ciruelas, escurrir, trocear en trocitos pequeños y freír en el mismo aceite.

5. Deshuesar y desmigar la perdiz. Reservar.
6. Saltear los tomates cherry con poco aceite. Reservar.
7. Emplatado: distribuir las lechugas en una fuente amplia, poner alrededor los tomates.
8. Aliñar ligeramente. Distribuir la cebolla, las setas, los orejones y las ciruelas.
9. Poner en el centro los trozos de perdiz y las nueces en trocitos.
10. Añadir el escabeche batido con los ingredientes del escabeche.

CHARLOTA DE PERDIZ ROJA Y VEGETALES

Receta típica manchega.

Ingredientes
Para 2 raciones.

- 1 perdiz hembra (pechugas)
- 1 calabacín grande
- 1 calabacín pequeño
- 4 rodajas de berenjena

Para la salsa
- 1 yema de huevo
- 2 cucharadas soperas de brandy
- Pimienta
- Sal

Pasos
35 minutos.

1. Dorar a fuego fuerte la perdiz en una sartén. Deshuesar y flamear con brandy. Agregar un cacito de jugo de caza y dejar reducir.
2. Colar el jugo resultante en un chino metálico. Mezclar con la yema de huevo y una cucharada de crema fresca, para añadirlo después al molde de charlota.

3. Preparar la charlota:

    - Untar con mantequilla un molde cilíndrico de 7 cm de diámetro.
    - Cortar el calabacín grande en sentido longitudinal y agregar discos del calabacín pequeño a modo de escamas.
    - Unir las puntas de la tira y meter dentro del molde.
    - Freír las rodajas de berenjenas.
    - Rellenar el hueco del cilindro con filetes de perdiz, teniendo como base y tapadera las rodajas de berenjena. Agregar el jugo y meter en el horno a 180° durante 8 minutos.

PERDIZ A LA UVA

Ingredientes
Para 4 raciones.

- 4 o 5 perdices
- 10 g de uva blanca
- 1 cacito de coñac
- 4 o 5 lonchas de bacón
- 1 cucharada de manteca de cerdo
- Sal y pimienta

Pasos
75 minutos.

1. En una cazuela de barro, derretir la manteca, añadir las perdices y dejarlas dorar por todas partes; salpimentar, rociar con el coñac y dejarlo evaporar.
2. Envolver cada perdiz con las lonchas de tocino. Volver a colocar en el fondo de la cocción; añadir los granos de uva después de haberles quitado las semillas; cubrir con papel de aluminio y meter en el hondo durante 45 minutos.

LA TÍPICA SOPA MALAGUEÑA PERO CON PERDIZ, CALDO Y MAYONESA, SE SIRVE CON PATATAS Y PAN TOSTADO

Ingredientes
Para 6 raciones.

- 1 tomate
- 1 cebolla
- 1 pimiento
- 1 ajo
- Perejil
- Sal
- 1 perdiz
- 3 o 4 patatas
- Mahonesa casera

Pasos
30 minutos.

1. Se pone la olla exprés con agua y todos los ingredientes, se tapa la olla a presión durante 30 minutos. Pasado ese tiempo se destapa, se saca la perdiz y se desmenuza.
2. Se pasan todos los ingredientes, menos la patata, y se le añade un limón exprimido. Aparte se hace una mahonesa. Una vez que el caldo haya templado, se le añade la mahonesa y la perdiz desmenuzada (si se deja hervir, al tener la mahonesa, se corta y no sirve).
3. Si se quiere, se puede cuajar un huevo, pero antes de echar la mahonesa en el caldo.

CAPÍTULO X

ESCOPETA Y MUNICIÓN PARA LA CAZA TRADICIONAL DE PERDIZ CON RECLAMO

Francisco Jiménez Aguilera

Antes de la llegada del arma de fuego, las perdices con reclamo se capturaban con lazos En la actualidad esta forma tan tradicional de cazar las perdices se sigue haciendo en las Islas Baleares.

Con el desarrollo de las escopetas y la cartuchería para la caza, los aficionados a la perdiz fueron seleccionando el calibre más adecuado o la escopeta que tenían en el domicilio familiar heredada de sus padres o abuelos y en la mayoría de los casos se recargaban sus propios cartuchos, el perdigón fundiendo el plomo de las cañerías y atacándolos con papel. La tradición nos dice que eran efectivos a la hora de abatir las perdices que llegaban a la "plaza".

Son muchos los momentos cruciales que se presentan en la práctica de la caza de perdiz con reclamo. Los aficionados saben que el momento del disparo es primordial para cumplir con los objetivos de esta modalidad de caza y requiere una gran atención del cazador. Por un lado, es el instante en el que hay que cumplir con las reglas de "la plaza y el recibo" y por otro, el abatir a la perdiz campesina de la forma más eficaz.

En el momento del disparo el aficionado tiene que controlar la actuación del reclamo, su serenidad y el sonido suave del "recibo". La perdiz campesina tiene que estar en "plaza", son instantes decisivos para resolver el lance con una buena o mala faena.

En esos segundos, el nerviosismo es inevitable, pero el disparo tiene que ser certero, de tal forma que se abata la pieza de forma fulminante, quedando inmóvil en las cercanías del "pulpitillo", de lo contrario corremos el peligro de estropear para siempre al reclamo.

Por eso, el contar con el arma apropiada y un buen cartucho son esencial para conseguir que después del buen trabajo del reclamo, el lance sea inolvidable.

Una vez elegido el cazadero, se procede a determinar la plaza más idónea para situar el pulpitillo, que se coloca entre unos quince o veinticinco pasos del puesto o augurado, según las características del terreno, (aproximadamente entre quince o veinticinco metros de distancia).

La plaza debe ser llana, sin surcos, ni altibajos, lo más despejada posible de vegetación, para ver bien a las perdices salvajes, y limpia de piedras, para evitar rebotes que puedan herir al reclamo, poder asegurar el tiro y sobre todo para que la perdiz cazada quede siempre a la vista del reclamo.

Un accidente frecuente que se puede producir en el momento del disparo, motivado por el nerviosismo, por estar muy pendiente del reclamo y de la campesina, o por las circunstancias naturales de la plaza, es el plomear al pájaro de la jaula.

La elección del modelo de escopeta es fundamental y se tiene que adaptar a las preferencias del cazador, pueden servir repetidoras y superpuestas, pero la forma de la tronera de los puestos portátiles o naturales de piedras o matas, aconsejan mejor utilizar las "planas" para conseguir mayor campo de visión sobre los dos cañones en paralelo, la longitud estándar de la escopeta paralela es de 71 cm y para la caza de perdiz con reclamo las más tradicional es la de 66 cm de longitud y el estrechamiento ideal de la boca "choke" es el número tres. El calibre más frecuente es el 12 y antes de que consiguiera su popularidad, el calibre más utilizado para la caza menor era el 16. En la actualidad algunos aficionados se inclinan por el calibre 20. Tanto las escopetas del calibre 16 y 20 son más ligeras.

Los cartuchos van a depender de las características del arma y las preferencias de cada cazador, empleándose las cargas de 32 a 34 gramos, y el tamaño del perdigón del número 7 o 6, para conseguir la efectividad deseada.

En la actualidad se han diseñado unos cartuchos especiales para la caza de perdiz con reclamo en calibre 12 y 20, con cargas de 30 g especial para escopetas más antiguas y plazas cercanas los 15 y 20 m y otro de 31 gr para distancias entre 20 y 25 m. Y 28 gr para el calibre 20.

Entres su cualidades sobresalen la suavidad en el disparo, evitando un fuerte retroceso del arma, su plomo especialmente blando para evitar los rebotes pero sin perder su capacidad de abatir las perdices silvestres, plomo de 7,5 y taco especial que evita al máximo la dispersión de los perdigones que los hacen ideales para evitar el accidente del plomeo de los reclamos por rebotes.

No podemos olvidarnos que tenemos que conocer el radio de plomeo de nuestra escopeta para apuntar de forma certera, para ello se recomienda el realizar pruebas de tiro sobre una diana de cartón.

Y por supuesto, tener siempre mucha precaución a la hora del disparo, cumplir con las normas fundamentales de seguridad en la caza y no olvidarnos del refrán que nos dice *"que las armas las carga el diablo"*.

CAPÍTULO XI
VOCABULARIO, REFRANES Y DICHOS POPULARES

Antonio Romero Ruiz

"Entre los pescados, el mero; entre los pelos, el negro; entre las carnes, el carnero; entre las aves, la perdiz; y entre las doncellas, mi Beatriz".

Frases

- La perdiz por el pico se pierde.
- Marear la perdiz.
- Está embolinando la perdiz.
- Es como agarrar una perdiz por la cola.
- Cuando menos se piensa, vuela la perdiz.
- Fueron felices y comieron perdices.
- A perdiz por barba y caiga quien caiga.

CABAÑUELAS, LOS ANIMALES, PRONÓSTICO DEL TIEMPO

El hombre ha venido observando el comportamiento de los animales y las alteraciones del tiempo y del clima, así como los fenómenos meteorológicos, la lluvia, el calor, los fríos, y como reaccionaban los animales ante ellos. Los mejores calendarios y meteorólogos son los animales. Aun hoy, los métodos científicos de predicción del tiempo como los satélites, con la consecuente conquista del espacio, y todo el instrumental científico son superados por la observación del comportamiento de los animales.

Entre los agricultores y el mundo rural, que le va la vida en ello, se trasmiten los saberes en este campo de generación en generación. A continuación resaltamos algunos ejemplos de comportamiento animal y su traducción en refranes y dichos populares.

SEÑALES DE CAMBIO DE TIEMPO

Cuando en el campo las perdices están en grupo en las copas de los árboles, indica que va a llover. Prueba de ello son los refranes referidos a este fenómeno meteorológico:

- Cuando la perdiz canta, nublao viene; no hay mejor señal de agua que cuando llueve.
- Si la perdiz canta y llueve, señal de agua si Dios quiere.
- Cuando la perdiz canta, señal es de agua.
- Si la perdiz toca la guitarra, el agua no amarra.
- El gallo canta durante el día.
- Cuando hay tranquilidad en los animales.
- Cuando va a hacer calor, cantan las chicharras.

- Cuando los grillos dan un intenso repertorio musical, aumenta la temperatura.
- Si golondrina y murciélago vuelan a ras de tierra, el tiempo empeorará; y golondrina que vuela alto, tormenta espera.
- Cuando las arañas tejen sus telas, agua no esperan.
- Cuando las gaviotas se acumulan en las playas y en las rocas, y no vuelan sobre el mar, es que se avecina mal tiempo o mar de fondo.
- Cuando las cabras comen muy de prisa, o cuando las vacas comen tumbadas, se avecina mal tiempo.
- Si a finales de verano y durante el otoño hay más abejas y con mayor activad de lo normal, es muy probable un invierno frío y fuertes nevadas.

INDICIOS DE LLUVIA

- Las hormigas sacan el grano de los hormigueros o van en procesión.
- Aparición de hormigas con alas.
- El orejeo de las mulas.
- Las ovejas se sacuden.
- Se bañan los palomos.
- Se lava la cara el gato.
- Calambres en los animales.
- Si las vacas pastan juntas y se acercan a las orillas de las carreteras, es señal de lluvia inminente.
- Si las ranas croan más, anuncian lluvia.

SEÑALES DE VIENTO

- Los gatos corren dando saltos o se suben a los árboles.

REFRANES

- En enero hace la perdiz el 'recoquero'. En febrero, el nido ponedero. En marzo, tres o cuatro. Y en abril, el nido hasta el cubil.

REFRANES RELACIONADOS CON LOS MESES DEL AÑO Y ETAPAS DE LA PERDIZ

- En enero, busca la perdiz su compañero.
- Por San Antón, dale tiempo al perdigón y si no está, deja la Virgen pasar.
- En llegando San Antón, a la espalda el perdigón.
- Por San Antón, descuelga el perdigón, y si no quiere cantar, vuélvelo a colgar.
- Por San Antón, pares son.
- Por San Antón, cada perdiz con su perdigón.
- Por San Antón busca la perdiz el perdigón.
- Por San Antón, cuelga tu perdigón, y si no quiere cantar, cuélgalo por San Sebastián.
- En febrero, el celo verdadero.
- El celo de la perdiz, con cantos ha de venir.
- La perdiz se aparea con muchos cantos y peleas.

- Cantó al alba la perdiz, más le valiera morir.
- Cuando al alba canta la perdiz, pocos días le quedan para morir.
- Perdiz derrengada, perdigoncillos guarda.
- Por San José Bendito hace la perdiz su nido.
- Por San José, cuelga por última vez.
- Cuando el olivo empieza a cernir, se caza la perdiz.
- En abril, mucho cantar y poco venir.
- En abril, búscale el nido a la perdiz.
- El conejo, por San Juan, y la perdiz, por Navidad.
- Pollo que has de acaudillar, por San Miguel sácalo a cantar.
- La 'picailla' de San Miguel, quince días antes y quince después.
- La perdiz y la camuesa, por Navidad es buena.
- El hombre por el traje y la perdiz por el plumaje.

REFRANES EN LA GASTRONOMÍA

- Conejo, perdiz o pato, vengan al plato.
- No hay caza perdida, sino la liebre asada y la perdiz cocida.
- Mejor perdiz en la mano, que dos en el campo.
- El conejo y la perdiz, tienen el mismo perejil.
- No quieras comer perdiz antes de matarla.
- Tapar la nariz, y comer la perdiz.
- La perdiz, con la mano en la nariz.
- El conejo, corriendo; la perdiz, oliendo.

REFRANES REFERIDOS AL RECLAMO

- Cuando el pájaro se junta, el jaulero apunta.
- Mojados han de venir los pollos para servir.
- El buen 'perdigonero' mira mañana y tarde el jaulero.
- A la perdiz enjaulada, ojo al sol, que es lo peor.
- El reclamo y el caballo, ni forzarlo, ni prestallo.
- Cazador dormilón, no sirve para el perdigón.
- El 'perdigonero' propone y la Naturaleza dispone.
- A la perdiz que encocora, cambio de puesto y hora.
- Si quieres ser buen cuquillero, lleva al puesto nervios de acero.
- Pájaro viejo, no entra a la jaula.

- Si quieres hacer pajarillo, el dedo fuera del gatillo.
- Con el perdigón se diligente: mucho trigo verde y tenlo fuera de lo caliente.
- Para el tollo oscuridad, para el colgadero, claridad.
- Al cazadero, ligero; no antes, pero sí el primero.
- Pájaro algarín, uno de cada mil.
- Pájaro que vas a comprar, primero llévalo a probar.
- En el puesto la perdiz, el culo la hace servir.
- De cualquier rincón, sale el mejor perdigón.
- Mejor que perdiz sola, la carambola.
- Quien muchos reclamos tiene, pierde el tiempo, el dinero y perdices para el puchero.
- Cuida siempre al reclamo como a tu propio hermano.

CAPÍTULO XII

POLÍTICA AGRARIA COMÚN Y LA CAZA

Antonio Romero Ruiz

La Unión Europea tiene que abordar la actividad de la caza y apostar por un modelo sostenible, compensando a los agricultores y ganaderos que asuman una política agraria que contemple:

- La mecanización de las labores agrícolas no debe romper las lindes, ni destruir los árboles, manchones, bordes, zanjas, arroyos y ríos, porque la existencia de estos lugares permite la reproducción de especies cinegéticas y sirve de refugio ante sus depredadores. Las dehesas de toros bravos, por ejemplo, albergan a las poblaciones de perdiz roja más importantes de Andalucía y de España.
- Es importantísimo revisar los tipos de fitosanitarios y la época en la que se emplean. Se trata de que se apliquen productos menos agresivos y menos dañinos a los ecosistemas, y observar los periodos de reproducción, gestación e incubación para no dañar a los seres vivos.

- Las vías pecuarias hay que amojonarlas y deslindarlas, porque son un bien público cuya titularidad no prescribe, para convertirlas en pasillos o corredores verdes. Con árboles y matorrales se notaría esa malla de caminos rurales, dotando así de pulmón y de refugio a las especies cinegéticas, pues es un escándalo que ese recurso esté hoy siendo explotado por manos privadas o en pleno abandono.
- La fijación de la población al territorio es una estrategia clásica en políticas rurales de la Unión Europea para evitar la despoblación de zonas muy amplias. Por ejemplo, las sierras que pierden población año tras año, las campiñas la mantienen, y las zonas metropolitanas y costeras suben de modo alarmante sus poblaciones.
- La financiación de estas políticas agrarias de la Unión Europea tiene que garantizar a todos los agricultores y ganaderos que las apliquen correctamente que serán compensados económicamente. En definitiva, los cazadores preocupados por la actividad cinegética, en general, y, en este caso en particular, por la perdiz roja —en declive–, demandan una PAC más respetuosa con el Medio Ambiente y la Soberanía Alimentaria. No es de recibo que desde Europa se ponga en peligro con una agricultura que abusa de la mecanización y los productos químicos, haciendo un daño irreparable a la diversidad.

- Una política europea que descanse en el respeto a la diversidad y en corregir cuestiones tan delicadas como las cosechas nocturnas, las semillas tratadas y los monocultivos intensivos. Además, es necesario sincronizar los ciclos vitales, las labores agrícolas y de pastoreo de tierras, a los de las especies de aves y algunos mamíferos, haciendo hincapié en las zonas más áridas de la Península. Hemos de lograr que se ponga en marcha una sincronización de las diferentes figuras medioambientales que existen en España en las diferentes Comunidades, para que se lleve a cabo una verdadera política de futuro.

CAPÍTULO XIII
LA CERTIFICACIÓN DE LA CALIDAD CINEGÉTICA PARA UN CONSUMO DE CAZA RESPONSABLE

De Olmo Linares Escudero (CRCP—UCO)

Una combinación de factores sociales, económicos y ecológicos en Andalucía y en todo el sur de Europa, han causado un cambio en los modelos de caza y gestión tradicionales reemplazándolos por modelos más intensivos. El caso de la caza de la perdiz roja silvestre y su gestión es uno de los ejemplos más evidentes del resultado de este proceso de cambio.

La práctica de la caza de la perdiz roja en España se pierde en la antigüedad, siendo una pieza cinegética clave en la actualidad (Viñuela et al., 2013). La caza de la perdiz roja es de gran importancia social y económica (Gonzales— Redondo, 2004; Díaz—Fernández, 2012). Se ha estimado el movimiento económico generado por la caza de la perdiz en España en más de 1150 millones de euros anuales, más del 25% del total generado por la caza en su conjunto (Garrido, 2012). La caza de la perdiz roja es una actividad (económica o no) complementaria en muchas fincas (Bernabéu, 2002; Arroyo et al., 2012). A parte de su valía económica no debemos olvidar su valor ecológico, ya que la perdiz roja juega un papel importante en el sustento de muchas especies de rapaces amenazadas de nuestros ecosistemas (Ontiveros y Pleguezuelos, 2000; Valkama et al., 2005). El hecho de que la especie sea muy apreciada cinegéticamente se debe a lo peculiar y atractivo de su lance (Delibes, 1975), y ha propiciado la existencia de múltiples modalidades tradicionales de caza.

En España se practica una modalidad de caza muy arraigada en algunas zonas del país, y única a nivel europeo; la caza de la perdiz con reclamo. Registros históricos demuestran que en nuestro país, el uso del canto de un ejemplar macho de perdiz roja en celo enjaulado para atraer la caza, ha sido practicado desde la época romana en algunas partes de la Península Ibérica (Boza, 2003). La caza de la perdiz roja con reclamo consiste en que el cazador se esconde en un puesto, enfrente del que, a la vista, coloca un macho enjaulado que, al cantar, atrae al macho residente en el territorio, aprovechándose entonces para abatirlo (Gonzales, 2004).

En Andalucía la caza de la perdiz con reclamo es una modalidad muy arraigada, social y culturalmente. En Andalucía, en 2010, el reclamo era practicado por el 15% de los cazadores con licencia para caza menor en el 67% de los cotos, y representaba un 19,3% de las capturas totales de perdiz declaradas en nuestra Comunidad (Farfan, 2010, Junta de Andalucía).

En Andalucía se ha estimado una media de captura de 4 perdices por cazador—día para la modalidad de reclamo (Vargas, 2012). Esta cantidad está muy por debajo de las estimadas para otras modalidades de caza.

La caza de la perdiz con reclamo está sometida a regulación nacional (Art. 63, Ley 42/2007, Patrimonio Natural y Biodiversidad), y está permitida en seis regiones del país. La caza de la perdiz con reclamo es diferente a otras modalidades de caza que usan señuelos para la atracción de las piezas (p. ej. patos o palomas), ya que el reclamo solo se puede practicar durante la época de reproducción de la perdiz (Vargas, 2012). Por ello, la Comisión Europea (EC) requirió la revisión de esta modalidad, ya que entraba en conflicto con la Directiva 2009/147/EC para la conservación de las aves silvestres.

Por lo tanto, nos encontramos ante una modalidad de caza con un amplio arraigo cultural, de orígenes ancestrales, y que no es la causante directa de los problemas que sufre las poblaciones de perdiz, aun así, es una caza polémica y sobre la que se ha debatido su prohibición.

La certificación de la calidad cinegética, bajo el Estándar Técnico GECISO, es una oportunidad para que los cazadores de perdiz con reclamo reivindiquen cotos en los que se realice una gestión sostenible y mantengan poblaciones silvestres que les permitan practicar una de las modalidades de caza más antiguas de la Península, y no un sucedáneo adulterado. El cazador es un agente activo que, a través de una práctica secular, influye sobre los acotados y en la biodiversidad existente en ellos, adaptándola a sus necesidades (Sánchez— Garrido, 2007). El cazador tiene que ser consciente de que su actividad no es solo un deporte que practica en el medio natural, sino que con su decisión de consumo—caza potencia unos modelos de gestión frente a otros, y actúa indirectamente sobre el medio natural modificándolo.

LA PERDIZ ROJA SILVESTRE EN ESPAÑA: PROBLEMÁTICA ASOCIADA A LA GESTIÓN ACTUAL

Las poblaciones españolas de perdiz roja sufrieron una disminución superior al 50% desde 1973 a 1992, principalmente a causa de cambios en las prácticas agrícolas y a la caza en exceso (Blanco—Aguilar et al., 2004; Blanco—Aguilar et al., 2003). Este fuerte descenso de la perdiz roja silvestre produjo un profundo cambio en el modelo de gestión para poder cubrir la demanda de caza sobre esta especie en el mercado. El principal cambio de la gestión de la perdiz se basó en las sueltas de perdiz criada en granja, que se fue incrementando exponencialmente desde 1990 (Blanco—Aguilar et al., 2008; Duarte et al., 2011), debido a un desarrollo previo de la industria de la cría de perdiz en cautividad en nuestro país.

La cría industrial de perdiz en cautividad se establece en España debido a las experiencias realizadas en Quintos de Mora, propiedad del Patrimonio Forestal del Estado, donde se construyó en 1963 el primer Centro Piloto de Cría Nacional de Perdiz Roja. Aunque la cría de perdiz en cautividad se producía en España de forma semi—intensiva desde los años 50, esta fue la primera experiencia científica para optimizar la técnica de cría en cautividad, con la finalidad de industrializar la producción de perdiz. Se puede decir que en la experiencia de Quintos de Mora, en el primer Centro Piloto de Cría Artificial de Perdiz Roja, entre 1963 y 1965 (Coll, 1965; Lara y Arenzana, 1965), se sientan las bases para lo que será la producción industrial de perdiz en nuestros días (Gonzales—Redondo, 2004). A partir de 1965, aplicando las técnicas desarrolladas por Lara y Arenzana, se produjo la aparición de un gran número de granjas privadas de cría de perdiz. En 1979 se registran unas 40 granjas en toda España (Flores, 1979); en 1996 se registraban 100 granjas cinegéticas productoras, anunciadas en prensa regularmente, y se estimaban en 5000 los criaderos, de diferente envergadura, en España (Gonzales—Redondo, 2004). Por consiguiente, la producción de perdiz industrial para suelta en campo aumentaba de forma exponencial. En 1977 se estimaba una producción de 200.000 perdices de granja (Flores, 1979). La cifra estimada alcanza los tres millones de perdices anuales en 2003 (Blanco et al., 2003). Disponemos de datos oficiales del ministerio sobre cría y suelta de perdiz desde 2006, y aunque se considera que estiman a la baja el número total (Garrido, 2012), también muestran un aumento de perdices criadas en cautividad.

La cría industrial de perdices en granja para su suelta en el campo tiene repercusiones ecológicas, puestas de relieve por numerosos autores. Las perdices industriales diseminan parásitos y bacterias típicos de la cría intensiva en granjas, que afectan a las poblaciones silvestres (Villanúa et al., 2008; Millán, 2009), que tienen menos resistencia debido a la ausencia de contacto previo (Newton, 1998). Además, la industria de la cría de perdiz ha hibridado artificialmente la perdiz roja con la perdiz chukar y la perdiz griega, para conseguir individuos más productivos y manejables. La hibridación de individuos fue una práctica común en la industria de cría de perdiz implantada en 1970 (Gonzales—Redondo, 2004). Los híbridos de segunda generación de roja y chukar son fenotípicamente idénticos a una perdiz roja (Negro et al., 2001), es decir, no se pueden distinguir a la vista de la perdiz roja autóctona. Estos ejemplares híbridos se encuentran ampliamente distribuidos por la Península Ibérica en la actualidad, en especial en los cotos donde se realizan sueltas de perdices (Blanco—Aguilar et al., 2008).

Las perdices de suelta son más sensibles a la depredación (Sánchez—García et al., 2011), y mantienen una baja tasa de supervivencia en campo (Gortázar et al., 2000; Alonso et al., 2005; Gaudioso et al., 2011). Por lo tanto, es dudoso que las sueltas de perdices hayan contribuido a recuperar las poblaciones silvestres (Blanco—Aguilar et al., 2012). La suelta de perdiz para restablecer las poblaciones silvestres, tal y como se realiza en la actualidad, no es efectiva, es contraproducente para las poblaciones silvestres de perdiz del coto. En los cotos no intensivos se ha demostrado que la sueltas de perdices en pequeño número no mejora la rentabilidad (Díaz—Fernández, 2012), y no solo no es favorable para aumentar la densidad de perdiz silvestre, sino que, incluso, está asociada a una menor productividad de las poblaciones (Díaz—Fernández, 2013; Viñuela et al., 2013). Además, normalmente, en los cotos donde se suelta perdiz se ajustan los cupos de caza tomando como referencia el número de sueltas. Debido a que la mortalidad de aves de granja es muy alta en las primeras semanas después de la suelta (Gortázar et al., 2000), se ajusta mal la presión cinegética de la temporada y se dan casos de sobre—explotación de las poblaciones silvestres (Viñuela et al., 2013).

Se distinguen tres modelos de gestión de la perdiz en España (Arroyo, 2012):

1. **Cotos sociales;** 2. Cotos comerciales no intensivos; 3. Cotos comerciales intensivos. No olvidemos que cada uno de los modelos de gestión se corresponde con un modelo de negocio y, por lo tanto, con un cliente potencial.
2. **Cotos sociales,** de gran tamaño, cuyo aprovechamiento principal es agrícola o ganadero, y que no pretenden obtener rendimiento económico de la caza, practicada por sociedades de cazadores o agrupaciones vecinales, que suelen ser los encargados de la escasa gestión.
3. **Cotos comerciales no intensivos**, de menor tamaño que los anteriores, con algo más de vegetación silvestre, y con unos gestores cuyo objetivo es obtener beneficios económicos de la caza (Arrollo et al., 2012). En estos cotos los resultados de caza están relacionados con la abundancia estival de perdiz silvestre y el hábitat (se registran más capturas en los cotos con mayor superficie ocupada por monte mediterráneo), pero no hay una relación con el número de perdices soltadas. En algunos casos evaluados se ha demostrado, como se decía anteriormente, que la suelta de perdices en pequeño número no solo no es favorable para aumentar la densidad de perdiz silvestre, sino que está asociada a una menor productividad de las poblaciones (Díaz— Fernández et al., 2013).

4. **Cotos comerciales intensivos**, donde se pueden realizar sueltas de perdices de granja para su caza, y en los que se mantienen los individuos mediante una gestión intensiva con el aporte de alimentación y agua, así como el control de depredadores (Arroyo et al., 2012), ya que las perdices de granja son más sensibles que las silvestres a la presión predatoria (Sánchez—García et al., 2011). En los cotos intensivos los resultados de caza de perdiz dependen exclusivamente de la cantidad de perdices soltadas, aquí la caza está totalmente desacoplada de la dinámica demográfica (Díaz—Fernández et al., 2012), por lo que no se practica sobre una población silvestre que desempeñe todo su ciclo vital completo en el coto.

EL MERCADO DE LA PERDIZ

En la literatura cinegética en general se alaban las características de la perdiz salvaje frente a la de granja, y es un lugar común en el discurso de los cazadores las bondades de la caza de la perdiz roja salvaje frente a la procedente de cría en cautividad —varios estudios demuestran que la caza de una perdiz roja salvaje es, efectivamente, más valorada por los cazadores que la caza de perdices de granja (Delibes—Mateos et al., 2013)–. Sin embargo, en un estudio sobre la oferta comercial de caza no se encontró ninguna variación significativa en el precio de una jornada de caza en mano, en la que se oferten perdices silvestres, comparada con otra en la que se oferten perdices de granja (Díaz—Fernández., 2013). Es decir, en el estudio de Díaz—Fernández, que comparaba la oferta de los cotos de caza —cotos comerciales que venden jornadas de caza en revistas y portales cinegéticos–, realizado en 2010, se observó que, aunque en las ofertas había una gran diferencia de precios, no estaban relacionados sobre el tipo de perdiz que se le ofrecía al cazador para cazar.

Una de las explicaciones que da el estudio a este fenómeno es que los cazadores desconfían, de entrada, de una oferta de perdices salvajes, otorgándole poco valor, y, por lo tanto, no estando dispuestos a pagar más por una jornada de caza en estos cotos (Díaz—Fernández, 2013). Esta desconfianza se fundamentaría en la práctica demostrada de venta fraudulenta de perdices de granja como si fueran salvajes en el mercado (Delibes, 1992). Por lo tanto, la ausencia de garantías reduce la posibilidad de los consumidores para seleccionar el tipo de caza por el que estarían dispuestos a gastar un poco más, ya que no creen en la publicidad (Díaz—Fernández, 2013), a no ser que tengan algún contacto o referencia directa y personal con los gestores del coto, que les asegure que las perdices son realmente de origen silvestre. Una de las medidas propuesta por algunos autores para aumentar los beneficios que supone la caza en cotos no intensivos es que las inversiones deberían re—direccionarse hacia la mejora de la eficiencia técnica de la gestión de las poblaciones silvestres y a diferenciar claramente la calidad ecológica del producto en el mercado (Viñuela et al., 2013). Todo esto pone de manifiesto la necesidad de implementar sistemas de certificación, ejecutado por entidades certificadoras acreditadas por ENAC bajo un estándar técnico sectorial. Este sistema de certificación tiene que dar las garantías suficientes al cazador, como consumidor, de que el origen de las perdices es realmente el que se publicita y, al fin y al cabo, de que los requisitos del producto que el cazador obtiene como fin de su jornada de caza se corresponden con sus expectativas como cliente.

Ya hace años que desde el sector se habla de la certificación de la "Calidad Cinegética", y de su futura implantación en el mercado como un marchamo de calidad ligado a criterios de gestión cinegética sostenible. Desde la CRCP hemos apostado desde el principio en el desarrollo de un sistema de certificación viable para los diferentes tipos de aprovechamientos cinegéticos, tanto a nivel andaluz como a nivel nacional. Creemos que un sistema para certificar la gestión cinegética sostenible no es tan solo deseable para el sector de la caza sino que es además necesario.

La certificación de la "Calidad Cinegética" es necesaria desde el punto de vista ecológico, ya que un sistema de certificación que distinga con una marca de calidad a los aprovechamientos que basen su gestión en criterios de sostenibilidad, es una oportunidad para fomentar la gestión cinegética sostenible frente a la notable intensificación e industrialización de la caza a la que el sector se enfrenta en la segunda década del siglo XXI.

Un sistema de certificación de la "Calidad Cinegética" implantado en el mercado es una herramienta para diferenciar la gestión sostenible. Mediante un sello de calidad, otorgado a los cotos que voluntariamente se sometan a una certificación para demostrar la gestión sostenible que realizan, los cazadores tendrán la oportunidad de ejercer un consumo responsable de caza, acorde con sus valores, apoyando la gestión sostenible y fomentando los buenos usos de los ecosistemas. La certificación de la "Calidad Cinegética" viene a dar capacidad de decisión al cazador como cliente para consumir un tipo de caza basada en la gestión que respeta una serie de criterios de sostenibilidad. La certificación de la "Calidad Cinegética" nunca será viable sin la apuesta de los cazadores por primar una gestión cinegética sostenible frente a otros modelos de gestión.

LAS MARCAS DE CALIDAD CINEGÉTICA EN ESPAÑA

Las certificaciones de calidad en numerosos sectores actúan como punto de encuentro entre intereses públicos y privados, y para demostrar ante el cliente y ante la sociedad en general el cumplimiento de unos principios de gestión, sometiéndose a una certificación por terceros de forma voluntaria.

Actualmente podemos encontrar certificaciones reguladas por normas reconocidas internacionalmente como la ISO 9001, para sistemas de gestión de la calidad, o las normas de gestión medio ambiental, como la familia de las ISO 14000, aplicables a cualquier sector. También existen muchos ejemplos de certificaciones de calidad aplicadas a sectores concretos, como la Q de calidad turística; las normas de calidad aplicables al sector alimentario, como ISO 22000; normas de gestión de la calidad aplicables a la industria automovilística, como ISO TS 16949; o la norma IRIS para la calidad en el sector ferroviario, entre otras. En ámbitos más cercanos al cinegético, como en el sector primario, también encontramos una amplia gama de normas relacionadas con la calidad y la sostenibilidad ambiental, como la UNE 162002 para la gestión forestal sostenible, o el reglamento (CE) 834/2007 para la producción de alimentos ecológicos.

Durante la primera década del siglo XXI varias comunidades autónomas comenzaron a considerar la necesidad de introducir instrumentos de evaluación de la calidad en su legislación como alternativa para el fomento de la sostenibilidad de la actividad cinegética. Así, como sucede en tantos otros sectores, en el sector cinegético el concepto de "calidad" en la gestión, intenta ser uno de los fundamentales puntos de encuentro entre el sector público y el privado.

Andalucía fue la primera Comunidad Autónoma en mostrar un compromiso público con la certificación de la gestión cinegética sostenible, creando la marca "Calidad Cinegética de Andalucía". La Comunidad Autónoma andaluza, en la Ley 8/2003, de 28 de Octubre, de la flora y la fauna silvestres, expresa la creciente necesidad de introducir instrumentos de evaluación de la calidad cinegética, y en el Artículo 39 define las bases del sistema de calidad en puntos concretos. Los trabajos de Andalucía para definir el concepto de calidad cinegética de la marca "Calidad Cinegética de Andalucía" la sitúan como pionera a nivel nacional. El compromiso en el desarrollo de la marca por parte de la administración andaluza ha sido continuo, desde la financiación de varios proyectos de investigación para el desarrollo de un sistema de certificación de la calidad cinegética, hasta la celebración del IV Congreso Andaluz de la Caza: 'Hacia un modelo de calidad cinegética'. Sin duda, la marca "Calidad Cinegética de Andalucía" ha sido un catalizador imprescindible en la aparición de marcas similares en otras comunidades autónomas, como "Caza Natural de Extremadura" o "Caza Natural de Castilla—La Mancha".

Son varios los puntos en común que mantienen las diferentes marcas que se vienen desarrollando en cada Comunidad Autónoma. En las tres marcas el concepto de "calidad cinegética" o "caza natural" está relacionado directamente con la sostenibilidad de los aprovechamientos cinegéticos. En todas las marcas propuestas, la evaluación de la calidad cinegética se basa en la necesidad de que el manejo de las poblaciones y de los recursos naturales se adecuen a exigencias concretas de sostenibilidad.

Cada una de las marcas propias tiene un marco legislativo que regula el uso de la marca. Algunos elementos generales referidos a la obtención y uso de cada marca están definidos en mayor o menor grado en cada Comunidad. Sin embargo, más de una década después de la aparición del concepto de "Calidad Cinegética" en nuestro país, ninguna Comunidad Autónoma tiene un sistema de certificación en activo viable. A nuestro juicio han sido varios factores los que han hecho que las certificaciones de calidad en el sector cinegético no terminen de ser efectivas. Por un lado, las legislaciones autonómicas redactadas hasta el momento presentan carencias, debido a que el formato de un texto legal no permite el desarrollo necesario para la construcción de un marco teórico suficiente como para articular un sistema de certificación. Otro de los grandes problemas de las marcas de calidad cinegética autonómicas ha sido, a nuestro juicio, que las impulsoras de las diferentes marcas han sido las propias Administraciones Públicas. Quizás por esta causa parte del sector vio en un principio la iniciativa más como una imposición a la que oponerse, que como una oportunidad para dar un impulso a la actividad cinegética.

EL ESTÁNDAR TÉCNICO GECISO

La alta variabilidad propia de los ecosistemas naturales, los múltiples usos del suelo que se pueden combinar con el cinegético, y la heterogeneidad de la actividad, dificultan la creación de un estándar para la gestión de procesos que normalice los aprovechamientos y permita establecer un sistema de certificación viable. Todo sistema de certificación necesita de un estándar técnico de referencia en el que participen todos los agentes implicados. Un estándar técnico construye un marco conceptual sólido y justificado, formado por normas de referencia para la implantación y certificación, y establece un foro para la participación de todos los agentes del sector. Las tres marcas de calidad cinegéticas, impulsadas por las respectivas comunidades autónomas, se pueden considerar como una certificación sectorial, y un sistema de certificación común podría ser aplicable para la certificación de los aprovechamientos que quieran obtener la marca propiedad de la Comunidad Autónoma en la que desarrollen su actividad.

GECISO (Gestión Cinegética Sostenible) es un estándar técnico fruto del trabajo de la Red GECISO, formada por investigadores de varias comunidades autónomas y la CRCP. El estándar técnico GECISO establece un marco común para el desarrollo, implantación y certificación de sistemas de gestión cinegética sostenibles, aplicable a cualquier Comunidad Autónoma española que desee establecer una marca propia de Calidad Cinegética certificada por tercera parte con la participación de entidades de certificación acreditadas por ENAC.

GECISO es un estándar técnico para certificar la calidad definida por los atributos de valor. El concepto de calidad tal y como se usa aquí, no se refiere a los atributos medibles en el trofeo obtenido por el cazador, la carne de los animales cazados o cualquier otro producto o servicio concreto. El concepto de Calidad Cinegética, tal y como se ha ido configurando en todas las marcas propuestas por las CCAA, hace referencia a atributos de sostenibilidad del sistema de gestión de un aprovechamiento cinegético, ligados a factores socioculturales, medioambientales, éticos, tradicionales, etc.

Así, se consideran atributos de valor:

- El uso sostenible de los recursos naturales y la biodiversidad de los ecosistemas donde se enclava la actividad productiva;
- la conservación de las características propias de las poblaciones silvestres objeto del aprovechamiento;
- y el respeto a los trabajadores encargados de la producción y a las tradiciones ligadas a la actividad cinegética.

La calidad no es otra cosa que la medida en la que las características de un servicio o producto cumplen con unos requisitos concretos. Estos requisitos vienen determinados de antemano por las necesidades para que el producto o servicio esté conforme, y por las necesidades fijadas por las expectativas del cliente. Es decir, el cliente conoce esos requisitos de antemano, y por eso elige ese servicio o ese producto de entre todos los que se le ofertan y no otro, esperando que el producto o servicio cumpla sus expectativas. Si una vez obtenido ese producto o disfrutado ese servicio el cliente ha visto satisfechas sus expectativas quiere decir que ese servicio o producto cumple con los requisitos, por tanto, tiene la CALIDAD que prometía. Un sistema de gestión de la calidad, por tanto, no es otra cosa que el conjunto de actividades coordinadas de una organización para aumentar cada vez más el grado de satisfacción del cliente con un producto o servicio.

Por lo tanto, un sistema de gestión de la Calidad Cinegética no será otra cosa que un sistema para asegurar al cazador que esté cazando en un coto, que este cumple con unos requisitos determinados y que está abatiendo una pieza que se ha criado bajo criterios de gestión acordes con estos requisitos. Los requisitos de calidad en el caso de los sistemas de gestión cinegética certificados se basarán en una política de Calidad Cinegética acorde a los correspondientes criterios de gestión cinegética sostenible.

Los criterios de gestión cinegética sostenible establecidos por el estándar técnico GECISO tienen su origen en el texto *Directrices para la gestión sostenible de la caza en Europa,* publicado por el ESUSG (Grupo Europeo de Especialistas en Uso Sostenible), y han sido consensuados con expertos en gestión cinegética de ámbitos científicos y técnicos de diferentes comunidades autónomas. Se fijan seis criterios que contemplan los aspectos más relevantes de la gestión divididos en tres bloques:

Bloque Población objeto del aprovechamiento:

- **Criterio 1**: Mantener una abundancia, estructura, comportamiento y estado sanitario de la población objeto del aprovechamiento compatible con su conservación.
- **Criterio 2**: Mantener las características genéticas de la población compatibles con su conservación.
- **Criterio 3**: Mantener o fomentar la diversidad y el estado de conservación de las poblaciones de especies cinegéticas propias de la zona donde se encuentre la unidad de gestión.

Bloque Hábitats:

- **Criterio 4**: Mantener o mejorar la diversidad de las especies no cinegéticas.
- **Criterio 5**: Mantener o mejorar el estado de los hábitats naturales.

Bloque Socioeconómicos:

- **Criterio 6**: Mantener y mejorar las funciones y condiciones socioeconómicas de la actividad.

Por lo tanto, si un cazador decide cazar en un coto certificado es porque parte de sus expectativas como cliente son practicar la caza en un coto que fomente la biodiversidad de la flora y la fauna del entorno natural, mejorando el estado de los hábitats. El cazador que elija Calidad Cinegética sabe que va a cazar individuos que pertenecen a una población silvestre radicada en el coto de forma natural, en una abundancia y estructura propias de una población silvestre sana, y que mantienen las características genéticas propias de la zona. Y además es consciente de que su actividad genera un beneficio económico que mejora las condiciones sociales y económicas de las áreas rurales dónde practica la caza.

Si estos valores de gestión no son apreciados por los cazadores y hacen que desechen este tipo de caza frente a otra oferta de caza que se basa únicamente en la producción intensiva de ejemplares para ser abatidos por el cliente sin importarles ningún otro atributo de valor, entonces la certificación de Calidad Cinegética no tendrá sentido alguno.

El reconocimiento de la Calidad Cinegética por parte del cazador es el principal motor que puede hacer que los titulares decidan certificar sus cotos.

A la vez, esta apuesta del cazador es un manifiesto ante la sociedad en general de que no solo se busca matar una cantidad de animales determinada cuando sale a cazar, sino que apoya con su elección de consumo de caza un modelo de gestión sostenible certificado por entidades imparciales y acreditadas para tal fin.

LA CAZA RESPONSABLE

Con los datos que hemos aportado hasta el momento, es justo decir que la caza de la perdiz roja en España, actualmente, mantiene un modelo de gestión insostenible, basado en muchos casos en liberar perdiz industrial para su posterior caza en el campo. Las consecuencias para las poblaciones silvestres y para la perdiz roja autóctona de este modelo de gestión, como se puede ver por la bibliografía recopilada en este texto, son muy negativas.

La certificación de la Calidad Cinegética bajo el Estándar Técnico GECISO es una oportunidad para que los cazadores que lo crean oportuno ejerzan una caza responsable, primando modelos de gestión certificados que respeten criterios de gestión sostenible.

El papel del cazador de perdiz, y en especial del que practica una modalidad tan tradicional como la caza de perdiz con reclamo, debe ser el del consumidor informado que exige una caza de calidad, practicada en cotos que mantengan poblaciones residentes en el medio de perdiz roja silvestre. De lo contrario podemos enfrentarnos a una tremenda paradoja, que los cazadores, al seguir consumiendo perdices industriales liberadas en el campo como pieza principal de su actividad, consoliden y potencien aún más el crecimiento de la industria de la cría de perdiz, haciendo cada vez más difícil la recuperación de las poblaciones silvestres.

La pieza clave para ese fomento de la gestión cinegética sostenible es el cazador. Un sistema de certificación implantado que otorgue una marca de Calidad Cinegética a un coto, solo será viable si los titulares de los aprovechamientos que apuesten por la gestión cinegética sostenible y se certifiquen ante terceros obtienen una ventaja competitiva.

A la vez, el compromiso de los cazadores de la perdiz con reclamo con la caza sostenible mediante el apoyo de las certificaciones de sistemas de gestión cinegética sostenible, es un posicionamiento claro ante la sociedad para demostrar que apoyan la sostenibilidad de la gestión, la biodiversidad y los valores inherentes a la caza tradicional, que como reclamistas deberían defender.

CAPÍTULO XIV

EL RECLAMO EN PERIODOS HÁBILES Y TERRITORIOS

Antonio Gallardo Romero

El reclamo, aunque con distintas razas de perdiz y distintos métodos de captura, se practica en la mayoría de los países del sur de Europa y norte de África, por ejemplo, Siria, Afganistán, Turquía, Armenia...

En España se practica la tradicional caza de la perdiz con reclamo solo en siete comunidades autónomas: Andalucía, Aragón, Castilla la Mancha, Comunidad Valenciana, Extremadura, Islas Baleares y Murcia.

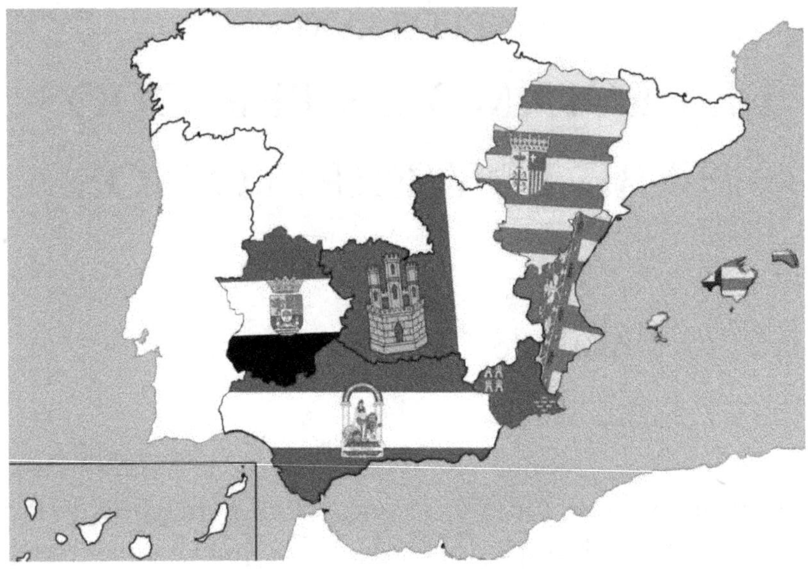

Mapa de las comunidades autónomas donde se caza el Reclamo.

PERIODOS HÁBILES POR COMUNIDAD AUTÓNOMA Y SUS COMARCAS CINEGÉTICAS

Andalucía

Grupo 1. Desde la mitad de enero al último día de febrero:

Andévalo, Campo de Tejada-Aljarafe, Pinares de Huelva, Marisma, Campiña de Cádiz, Alcornocales, Campiña del Valle del Guadalquivir, Sierra Subbética, Depresión de Granada, Desiertos y Valle Almanzora.

Grupo 2. Desde la última semana de enero a la primera semana de marzo:

Piedemonte de Subbéticas, Ronda-Grazalema, Los Pedroches, Sierra Morena, Sierra Sur de Jaén, Sierra de Cazorla, Depresión de Baza y Sierra de María y Estancias.

Grupo 3. Desde febrero a mediados de marzo:

Tejeda-Almijara, Sierra Nevada, Depresión de Guadix y Sierra de Baza.

Aragón

En Aragón es preciso solicitar una Autorización Excepcional al Instituto Aragonés de Gestión Ambiental (INAGA) para cazar el reclamo, y cuya especificación para tal en dicha autorización dice:

Captura, retención o cualquier otra explotación prudente de determinadas especies cinegéticas mediante métodos selectivos y tradicionales.

Castilla—La Mancha

Desde mediados de enero hasta final de febrero.

Esta Comunidad Autónoma adaptará fechas al finalizar el estudio de fenología de la perdiz para adaptarse a la Directiva Europea AVES.

Comunidad Valenciana

La fecha de inicio estará estipulada, al igual que en todos los cotos de esta y demás Comunidades, en el Plan Técnico de Caza. La fecha que da por terminada la temporada de caza de reclamo en la Comunidad Valenciana es el último día de febrero.

Extremadura

Desde el último tercio de enero hasta casi final de febrero.

En esta Comunidad restringen a sábados, domingos y festivos la práctica de esta modalidad en los cotos sociales, y se permite la caza todos los días del periodo establecido de manera consecutiva.

Islas Baleares

Mallorca: Durante el mes de enero se podrá practicar el reclamo, salvo excepciones que, previa notificación, podrán alargar diez días en febrero.

Menorca: desde final de diciembre hasta los primeros días de febrero, menos los lunes, miércoles y viernes. En Menorca se permite la caza por el sistema tradicional de perdigacho con "bagues" (lazos)

Ibiza: Desde la segunda semana de enero hasta mediados de febrero, menos los miércoles y viernes.

Murcia

Se caza el reclamo desde finales de enero hasta mediados de marzo en la Zona Alta, que comprende: Caravaca, Moratalla, Yecla, Jumilla, Lorca (en el norte) y Mula (en el oeste).

En la Zona Baja se caza desde la segunda semana de enero hasta finales de febrero.

El cupo por cazador y día es, generalmente en todas las Comunidades, de cuatro perdices. Por tanto, además de ser la modalidad más selectiva que hay, también es la que menos merma la población de perdiz de entre todas las modalidades. En este gráfico se demuestra las mermas de media por la presión cinegética por cada cien hectáreas.

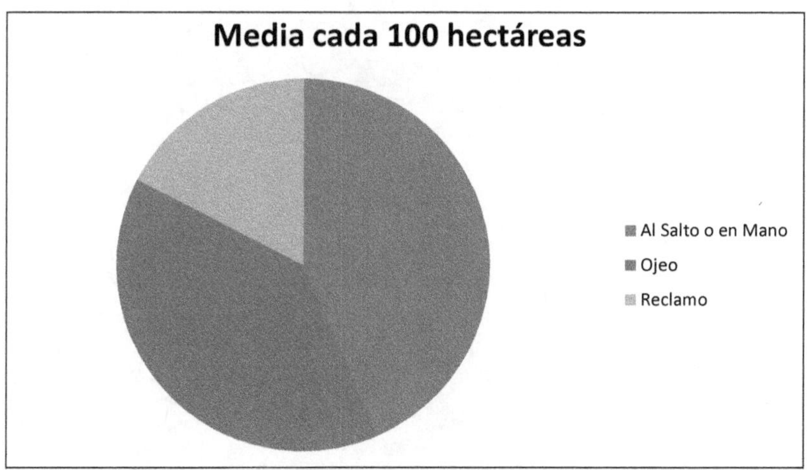

BIBLIOGRAFÍA

- Alonso ME, Pérez JA, Gaudioso VR, Diéz C, Prieto R (2005) Study of survival, dispersal and home range of autumn-released red-legged partridges (Alectoris rufa). British Poultry Science 46:401-406.
- Arroyo B, Delibes-Mateos M, Díaz-Fernández S, Viñuela J (2012) Hunting management in relation to profitability aims: red-legged partridge hunting in central Spain. European Journal of Wildlife Research 58:433-439.
- Bernabéu R (2002) La caza en Castilla La Mancha y sus estrategias de desarrollo. Tesis Doctoral, Universidad de Castilla La Mancha. Cuenca, España.
- Blanco-Aguiar JA, Delibes-Mateos M, Arroyo B, Ferreras P, Casas F, Real R, Vargas MJ, Villafuerte R, Viñuela J (2012) Is the interaction between rabbit hemorrhagic disease and hyperpredation by raptors a major cause of the red-legged partridge decline in Spain? European Journal of Wildlife Research 54:433-439.
- Blanco-Aguiar JA, González-Jara P, Ferrero E, Sánchez-Barbudo I, Virgós E, Villafuerte R, Dávila JA (2008) Assessment of game restocking contributions to anthropogenic hybridization: the case of the Iberian red-legged partridge. Animal Conservation 11:535-545.

- Blanco-Aguiar JA, Virgós E, Villafuerte R (2003) Perdiz Roja (Alectoris rufa). En: Martí R, Del Moral JC (eds), Atlas de las aves reproductoras de España, pp. 212-213. Dirección General de Conservación de la Naturaleza y Sociedad Española de Ornitología, Madrid, España.
- Blanco-Aguiar JA, Virgós E, Villafuerte R (2004) Perdiz roja (Alectoris rufa). In: Madroño A, González C, Atienza JC (eds) Libro Rojo de las Aves de España. Dirección General para la Biodiversidad-SEO/ Bird-Life, Madrid, pp 182–185
- Boza, M. D. 2003. El trampeo y demás artes de caza tradicionales en la Península Ibérica. Hispano Europea, Barcelona, España. .
- Casaer J, Kenward R, Lecocq Y, Reimoser F, Sharp R (2006) Guidelines for sustainable hunting in Europe September 2006. Oxota, 2009 (5). 9-11.
- Coll M (1965) Cría artificial de la perdiz roja. Montes 123: 223-227
- CRCP (2013) Cátedra de Recursos Cinegéticos y Piscícolas: Estudio de la fenología reproductiva de la perdiz: Informe de resultados (Estudio un publicado).
- Delibes J (1992) Gestión de los cotos de la perdiz roja. In: La perdiz roja: gestión del hábitat. La Caixa, Barcelona, pp 141-146.
- Delibes, M (1975): La caza de la perdiz roja. Segunda edición. Editorial Lumen. Barcelona.
- Delibes-Mateos M, Farfán MA, Olivero J, Vargas JM (2013) Impact of land-use changes on red-legged

partridge conservation in the Iberian Peninsula. Environmental Conservation 39:337-346.

- Delibes-Mateos M, Giergiczny M, Caro J, Viñuela J, Riera P, Arroyo B (2014) Does hunters' willingness to pay match the best hunting options for biodiversity conservation? A choice experiment application for small-game hunting in Spain. Biol Conserv 177:36–42.
- Díaz-Fernández S (2012) Relaciones entre la gestión cinegética de perdiz roja, las poblaciones de perdiz roja y las poblaciones humanas. Tesis doctoral. Universidad de Castilla La Mancha, Ciudad Real, España.
- Díaz-Fernández S, Arroyo B, Casas F, Martínez-Haro M, Viñuela J. (2013) Effect of Game Management on Wild Red-Legged Partridge Abundance. PLoSONE 8(6): e66671.
- Díaz-Fernández S, Viñuela J, Arroyo B (2012) Harvest of red-legged partridge in central Spain. Journal of Wildlife Management 76:1354-1363.
- Díaz-Fernández Silvia, Arroyo Beatriz, Viñuela Javier, Patiño-Pascumal Isabel, Riera Pere (2013) Market value of restocking and landscape in red-legged partridge hunting: a study based on advertisements. Wildlife Research 40, 336-343.
- Duarte J (2012) Ciclo reproductor y aprovechamiento cinegético de la perdiz roja (Alectoris rufa) en Andalucía. Tesis Doctoral, Universidad de Málaga, España.
- Farfán MA (2010) Evaluación de la gestión de la caza en Andalucía. Un ensayo de comercialización cinegética. Tesis, Universidad de Málaga, España.

- Flores AJ (1979) Contribución al studio de algunos caracteres étnicos de la perdiz roja española (Alectoris rufa) en cautividad. Nuestra Cabaña 76: 48-53
- Garrido JL (2012) La caza. Sector económico. Valoración por subsectores. FEDENCA-EEC, Madrid, España.
- Gaudioso VR, Sánchez-García C, Pérez JA, Rodríguez PL, Armenteros JA, Alonso ME (2011). Does early antipredator training increase the suitability of captive red-legged partridges (Alectoris rufa) for releasing? Poultry Science 90:1900-1908.
- González-Redondo P (2004) Un caso de cambio en el manejo de los recursos cinegéticos: la historia de la cría en cautividad de la perdiz roja en España. Estudios agrosociales y pesqueros 204, 179–203.
- González-Redondo P, Delgado-Pertinez M, Toribio S, Ruiz FA, Mena Y, Caravaca F P, Castel JM (2010). Characterisation and typification of the red-legged partridge (Alectoris rufa) game farms in Spain. Spanish Journal of Agricultural Research 8, 624–633.
- Gortázar C, Villafuerte R, Martín M (2000) Success of traditional restocking of red-legged partridge for hunting purposes in areas of low density of northeast Spain Aragón. Zeitschrift fur Jagdwissenschaft 46:23-30.
- Junta de Andalucía. 2010. Portal de la caza y la pesca continental en Andalucía. <http://www.juntadeandalucia.es/medioambiente/site/web/menuitem.e2d8edb3325e10d72766aac060425ea0/?vgnextoid¼ db-2fdd2a66e42110VgnVCM1000002001 1eacRCRD>.

Accessed 19 Mar 2010.
- Lara J, Arenzana O (1965) La cría y el cultivo de la perdiz roja. Experiencias realizadas en los Montes de Mora. Ed. Servicio Nacional de Caza y Pesca Fluvial y Caza. Ministerio de Agricultura. Madrid.
- MAPAMA (2015) Ministerio de Agricultura y Pesca, Alimentación y Medio Ambiente. Estadística Anual de Caza. Tablas resumen 2005-2013. http://www.mapama.gob.es/es/desarrollo-rural/estadisticas/Est_Anual_Caza.aspx
- Millán J (2009) Diseases of the red-legged partridge (Alectoris rufa l.): A review. Wildlife Biology in Practice 5:70-88.
- Negro JJ, Torres MJ, Godoy JA (2001). RAPD analysis for detection and eradication of hybrid partridges (Alectoris rufa x A. graeca) in Spain. Biological Conservation 98:19-24.
- Newton I (1998) Population limitation in birds. Academic Press, San Diego. EE.UU.
- Ontiveros D, Caro J, Pleguezuelos JM (2005) Prey density, prey detectability and food habits: the case of Bonelli's eagle and the conservation measures. Biological Conservation 123:19-25.
- Sanchez-Garcia C, Alonso ME, Perez JA, Rodriguez PL, Gaudioso VR (2011). Comparing fostering success between wild-caught and game farm bred captive red-legged partridges (Alectoris rufa, L.). Applied Animal Behaviour Science 133:70-77.
- Sanchez-Garrido R (2007) Percepción y rentabilidad

cinegética: la hipótesis del "verdadero ecologista". Perifèria 7, 1-21

- Vargas J.M., Duarte J., Farfán M.A., Villafuerte R., Fa J.E. Are reclamo hunting seasons for the Spanish red-legged partridge off the mark? The Journal of Wildlife Management 76(4):714–720; 2012.
- Vargas JM (2008) Perdices de colores. Editorial Otero, Madrid
- Vazquez-Guadarrama, C. (2012). ´Análisis Sociológico del Cazador Español.´ Tesis,Universidad de Castilla-La Mancha, Ciudad Real.
- Villanúa D, Pérez-Rodríguez L, Casas F, Alzaga V, Acevedo P, Viñuela J, Gortázar C (2008) Sanitary risks of red-legged partridge releases: introduction of parasites. European Journal of Wildlife Research 54:199-204.
- Viñuela J, Casas, F., Díaz-Fernández S, Delibes-Mateos M, Mougeot F, Arroyo B (2013) La perdiz roja (Alectoris rufa) en España: especie cinegética y amenazada. Ecosistemas 22(2):6-12.

- MINISTERIO DE AGRICULTURA, ALIMENTACIÓN Y MEDIO AMBIENTE
- INSTITUTO DE INVESTIGACIÓN Y FORMACIÓN AGRARIA Y PESQUERA (IFAPA)
- FEDERACIÓN ANDALUZA DE CAZA.
- LOS SIETE GALGUEROS DE ÉCIJA. ANTONIO ROMERO.

EPÍLOGO

Somos conscientes de que abordamos un tema que está teniendo un prejuicio erróneo en la sociedad, no solo esta modalidad tradicional de la perdiz con reclamo, sino la caza en general. Este libro es una aportación desde la defensa de la caza y de esta modalidad ancestral. Esperamos que contribuya a situar la modalidad donde se merece entre los detractores exponiendo la verdadera esencia de la caza de la perdiz con reclamo. Queremos destacar en este epílogo las siguientes apuestas que contiene este libro, así como las propuestas de futuro:

Hemos escrito desde la pasión y desde la experiencia sobre el terreno con las personas que se sientan durante horas en un puesto con el olor a campo, el canto de las perdices y la musicalidad de los atardeceres con puestas de sol bellísimas, en parajes Olivares, calmas, monte bajo, sierras, arroyos, manchones…

Desde la ciencia, desde el mundo de la universidad, desde la Cátedra de Recursos Cinegéticos y Piscícolas de la Universidad de Córdoba que tiene gran credibilidad por el rigor científico de sus trabajos, el investigador Olmo se adentra en la calidad Cinegética y el procedimiento de las repoblaciones de perdiz procedentes de granjas.

La munición empleada, cumpliendo con los requisitos de esta modalidad, se abordan en otro capítulo, en el que ha participado Francisco Jimenez, un representante del mundo empresarial que lleva años interesado en atender las demandas de los jauleros y posiblemente uno de los más entendidos en la historia de la perdiz con reclamo.

Se demuestra con cuadros, mosaicos, escritos milenarios que la caza de la perdiz con reclamo está arraigada en la cuenca del Mediterráneo y Países árabes, donde se practica la caza de la perdiz con reclamo.

La agricultura intensiva, su mecanización, los pesticidas y productos químicos deben ser revisados de manera urgente, porque no deben mancharse los arroyos, lindes y riberas donde proliferan las perdices y otras especies, lo cual es pilar principal de la merma de la especie.

Se apuesta por la nueva iniciativa de la caza sin muerte, donde la captura en la plaza recibiendo y cumpliendo correctamente con los cánones y normas no escritas de esta modalidad entendemos será ampliamente aceptada por el colectivo.

Igualmente hemos escrito las recetas de cocina de la perdiz en distintos lugares. Una aportación a la gastronomía extraordinaria que la perdiz hace, se trata de la cultura culinaria adaptada a recetas antiguas y actuales.

El volumen económico y de empleo que se mueve en la caza, es decir, la caza en cifras para que cualquier debate sea riguroso y valore la importancia económica y social que tiene la caza en general y la perdiz con reclamo en particular. Munición, jaulas, licencias, desplazamientos, alquiler de casas rurales y hoteles, cotos, guardas, ropa...

Se expone de manera muy rigurosa el estudio que permitió que la Unión Europea reconociera la legalidad de la modalidad tradicional de la perdiz con reclamo, cedido íntegramente por el técnico de la federación Andaluza de caza que encabezó el proyecto, don José Antonio Lopez.

Creemos que algunas de las distintas clases de perdiz alectoris que agrupamos en este libro serán gratas de observar y saber más sobre ellas para mucha gente, encontrarse con la griega, nival, chucar... de plumajes distintos, pero sin duda lo mejor es descubrir que la de mayor vistosidad es la nuestra, la Alectoris Rufa.

Esperamos y así nos comprometemos con este libro los autores, a acudir allí donde se nos reclame para su presentación y debate, para enriquecer nuestro patrimonio cultural, echar un rato con los amigos, tomar una copa y realizar una tertulia amena donde cultivaremos la amistad.

Estamos seguros de que la perdiz continuará y se irá adaptando a los avances de la vida y de unas nuevas y más éticas relaciones del hombre con la Naturaleza.

www.ingramcontent.com/pod-product-compliance
Lightning Source LLC
La Vergne TN
LVHW010555160826
845677LV00013B/3135

* 9 7 8 8 4 1 8 9 1 2 9 0 0 *